Tomas Überall

Leider Zahnstocher aus zweiter Hand

Restaurants, die niemand braucht

Atlantik

Atlantik-Bücher erscheinen im
Hoffmann und Campe Verlag, Hamburg.

1. Auflage 2015
Copyright © 2015 by Hoffmann und Campe Verlag, Hamburg
www.hoca.de   www.atlantik-verlag.de
Umschlaggestaltung: FAVORITBUERO, München
Satz: Pinkuin Satz und Datentechnik, Berlin
Gesetzt aus der Albertina
Druck und Bindung: C. H. Beck, Nördlingen
Printed in Germany
ISBN 978-3-455-37811-5

HOFFMANN
UND CAMPE

Ein Unternehmen der
GANSKE VERLAGSGRUPPE

Inhalt

Fremdwort
Gastfreundschaft

*

»Empfehle ich Sie: Wenig reden, schneller essen!«

Der Schnurrbart nahm unsere Bestellung und fragte, wie wir gerne gebraten werden.

*

Jeder Tisch scheint ein anderes Motto. Bei uns wahrscheinlich: »Unsichtbarer Gast – musst du nicht bedienen.«

*

Dieser Kerl ist falsch, die Diagnose ist einfach: Er stinkt aus dem Herzen.

*

Der Annonceur hatte eine schlimme Erkältung und war ständig in die Teller niesen vor der Präsentation.

*

Wir hatten große Hoffnungen und erhielten unhöflich Gegenleistung.

*

Zur Einstimmung präsentierte der Kellner uns einen gekühlten Schaumwein mit einer Auswahl von Hors d'oeuvres und dazu den offenen Schlitz von seiner Hose.

*

Von dem, was wir hören konnten, gibt es eine monumentale Wut in der Küche.

*

Wir wurden schnell bedient. Dann lief der Mann hinunter den Hügel und sprang mit der rote Sonne für immer ins Meer.

*

Die Anfälligkeit des verbleibenden Kellner, seinen müden Geist in den Vordergrund zu stellen, ließ die moderaten Preise für uns auf eine bedeutungslos Ebene fallen.

*

»Was wir machen, kosten Sie viel Geld und uns wenig Mühe!« Der Slogan über der Kasse schwingt noch lange in mein Kopf.

*

Die Serviceleute schenken uns nur die hohe Nase, weil wir normale Biertrinker.

*

Wie leider immer in mein langen Leben war ich nett genug, dem Kellner ein Trinkgeld zu geben, wenn ich in Wirklichkeit sollte ihm sagen, was für ein faulen Arsch er war.

*

Schwere Beleidigung zu meiner Frau (29): »Dieser Schreihals in dem Kinderwagen ist Ihr Enkel, oder hast du eine faltige Hautkrankheit?«

*

Hartnäckige Taktik der Bediener auf die Verteidigung der unpopulären Gerichte hat mich entsetzt.

*

Der Kellner schenkte auch unseren kleinen Kindern Rotwein in die Gläsern und sagte: »Das sind die Regeln der Gastfreundschaft, ich machte sie nicht.«

*

Ein hochrangiges Mitglied des Personals fragte unsere Bestellung, verließ das Lokal und dann fuhr mit einem Wagen weg.

*

Diese Bedienung hat eine sehr jungen liebevolle Freund namens Ernest, der jeden Abend kommt hier, um sie bei der Arbeit zu schauen. Mein Mann versuchte so dumm, sie zu küssen, um ihn zu provozieren, was auch gelungen ist: Für das Essen fehlte ein Zahn.

*

Wir fragten, was sei der Fisch des Tages, und er sagte: »Stäbchen.«

*

In der Tat sind die Kellner in Schweiß gekleidet.

*

Insgesamt schlechter Service: Personal schien in der Zwangsarbeit.

*

Wenn wir für mehr als eine Stunde unser Essen fragten, sagte Tischanweiser: »Schau nicht wie Mäusebussard, der drei Wochen nicht gefressen. Dein Portion kommen. Jeder sieht, du gut gefüttert. Also bisschen warten! Alles klar!?«

*

Wir hatten zwei Fälle von Allergiekoriander, und also wir berichteten, aber die Reaktion eines Mitarbeiters im Restaurantservice war: »Du wirst das essen, was da ist. Wenn du mehr mit den Koriander essen und essen, wird es besser!«

*

Sie hatten ihre frisch geschlachteten Schwein, empfiehlt der Kellner. Aha, so also die Flecken auf seine Schuhe – nicht appetitlich!

*

Ich denke, die Chef des Hauses, meinen Mann wollte sie. Sie war eine Person mit unzüchtigen Beine wie die Langusten.

*

Ein Kerl mit schiefen Zähnen und sehen aus wie ein Gangster serviert uns einen Schuss Hase.

*

Wir warteten eine Stunde für ein Lächeln des Personals. Wenn es kam, war es nur ein frechen Gruß aus einem Faulturm.

*

Die Bedienung hatte sehr große Gesichtsporen, die wie tausend kleine Stiche von der Stricknadel. So schauten wir das Phänomen genauer und länger, bis ihr Kopf wurde ganz rot. Wir machen immer so, wenn uns ein Laden zu langweilig. Und der Spaß funktioniert fast immer!

*

Ich liebe die Schärfe, und deshalb pfefferte ich mein Steak kräftig. Aber irgendein Witzbold hatte mich getäuscht, denn es war Zimt in Streuerfass. Widerlich, auch wenn ich das Abkratzen versuchte.

*

Das Restaurant ist nicht sehr schwer zu finden, und es ist nicht sehr schwer, einen Tisch zu bekommen, wenn Sie es selber nehmen. Aber es ist sehr, sehr schwer zu bestellen. Ein Kellner hat vor kurzem gestorben, und der andere hat seinen freien Tag heute.

*

Der Service im Restaurant ist schlecht gewaschen und war im Leben davor eine Schnecke.

*

Tischanweiser begrüßt uns mit großen Portion Mitleid und Enttäuschung, mit Buckel nickend. Fühlten wir uns wie zu Elektrischstuhl geführt statt Candle-Light-Dinner.

*

Wenn du zwingst dein Personal in schwarzenge Kleidung, sorge für die regelmäßige Waschung. Weil die Salzränder unter Armen und in Pofalten sind nichts für den guten Appetit.

*

Mein Sohn hatte Sand ins Auge bekommen, und ich wollte ihn auswaschen, aber sie stellte sich in den Weg und sagte: »Hungrige sind hier willkommen, die Verletzten bitte ins Krankenhaus – gute Reise!«

*

»Du wünschst also unseren Chef zu sprechen? Vergiss es einfach! Manoli ist im Knast wegen Totschlag. Ein Gast hat sich über die Pizza beschwert.«

*

Auch wenn der Kellner hatten ein extradicke Brille, leider konnte er nicht sehen unsere Wünsche.

*

Er roch die ganze Zeit wie alte Knoblauch mit Rauch – eine Mischung für die Augen verdrehen.

*

Der Service ist eine sexy Schlampe und ein knackigen Bodybuilder, die die Opas und die Grannies abkassieren für ein Versprechen, das sie nicht halten.

*

Zuerst ich wollte ein Fleischgericht zu bestellen, aber der Kellner war ein dummes Schwein, so entschied ich mich für vegetarisch.

*

Wir haben eine schwangere Freundin mit uns, und der Kellner empfiehlt sie Chilischoten: »Das könnte enorm lustig für den Kleinen!«

*

Ein gelber Empfangschild mit roten Buchstaben an der Tür ließ meinen Glauben an die Menschheit für einen Moment Rückkehr: »Hier zählt nicht nur nach Schönheit. Hier wird jeder serviert. Selbst YOU!«

*

Der Feuermeister am Grill war blind. Wahrscheinlich durch seine eigenen glühenden Eisen geblendet, als er das Steak für den Boss zu viel gebraten hatte. Nun musste er mit dem Gesicht über die Kohlen erschnüffeln, wann das Fleisch durch war.

*

Heizung im Lokal würde nicht starten. Freundliche Servicekraft brachte uns Mäntel an den Tisch und schlug vor, wir sollten etwas auf den Füßen zu kommen zwischen den Speisen, Platz zum Herumlaufen doch genug im Raum. Sie brachten auch einen zusätzlichen Brandy.

*

Kellner sah aus wie ein bulgarischer Gewichtheber. Stimme aber kam so dünn wie Spaghettinudel. Wir aber besser nicht lachen und bestellen Steaks.

*

Platzanweiser tat zu mir so vertraut, als würden wir dieselbe Unterhose tragen. Und zwar gleichzeitig.

*

Schlechter Empfang für mobile Kartenleser. Der Kellner warf ihn ein paar Mal in die Luft, um eine Verbindung herzustellen. Wir fanden beide lustig.

*

Unser Kellner: »Ich habe machen Sie etwas Druck leider, der Platz muss frei um 20 Uhr. Sie essen schneller und vielleicht weniger reden …«

*

Durch die Schwingtür in die Küche gehen Männer in dunklen Mänteln rein und aus. Kein Zweifel: Drogenhandel unter Abzugshaube.

*

»Döner-Teller mit oder ohne Soße?« – »Mit, bitte!« – »Das schlecht: Der Soße ist außer Haus.«

*

Der Kellner war besoffen wie ein Flusspferd, und mit seinen fetten Arsch er unseren Tisch abgeräumt. Auch ein Verfahren …

*

Großes Loch in der Mitte von Gesicht. Entweder sehr müde oder von uns sehr gelangweilt.

*

Schneckenalarm in der französischen Küche! Nicht auf dem Teller. Menschen im »Gustav's« sehr langsam und dazu schleimig.

*

Der Oberkellner öffnete die Bierflasche mit den Zähnen und spuckte die Abdeckung auf dem Tisch. Nicht witzig.

*

Das Messer war stumpf und das Fleisch sehr zäh, aber die Bedienung lachte sie und sagte: »Der Arm von Ihnen ist zu schwach offensichtlich.«

*

Sie gab uns den Tisch direkt neben den Toiletten, obwohl die ganze Halle war leer. Als ich mich beschwerte, betonte sie: »Es ist unangenehm, bitte vertrauen Sie mir, Sie werden später noch glücklich darüber, dass Sie rasch zur Toilette!«

*

Der Eigentümer und sein Körper war wie ein Weinfass geprägt. Er saß die ganze Abend hinter der Theke und löste Kreuzworträtsel, und manchmal er rülpste.

*

Er klickte stetig und sehr laut mit der Zunge, und wenn jemand bei ihn zu bestellen wollte, war er sehr wütend und klickte mehr und lauter. Vielleicht ein bisschen irre, vielleicht sogar noch schlimmer.

*

Vermutlich war er etwas geistig behindert, weil wir sind zwei, und er gab uns einen Tisch für zehn Personen. Als wir fragten, ob es möglich war, einen kleinen Tisch zu bekommen (es waren von ihnen noch sehr viele), sagte er: »Nein, Langeweile bekommen Sie sonst garantiert.«

*

Dieser dünne Opa besser sollte nicht mehr arbeiten, er verschüttet nur, weil seine zitternden Hände, aber da wir alle Drinks inklusive, es war tragisch nur für die Tischdecke.

*

Der Mann an dem Rezeptionsbuch wollte unsere Namen wissen. Dann sagte er: »Entschuldigen Sie, sind Sie nicht mehr willkommen, denn am 23. Februar Sie bei uns auf die Toilette gekotzt!« Wir wollten sofort beschweren, aber nach einer kurzen Moment lachte er und sagte: »April, April!«

*

Der Koch erschien so dick, dass er wirklich nicht richtig kochen konnte, weil sein Bauch hielt ihn vom Herd entfernt – und seine Arme waren zu kurz.

*

Das Essen war eigentlich fein, aber die Mitarbeiter sind nutzlos wie ein Aschenbecher auf einem Motorrad.

*

Der Kellner trieb uns in das Restaurant, als ob wir ein Vieh, und leider sind wir mit wie Schafe. So wir wurden natürlich auch geschlachtet.

*

Drinnen war es so voll, dass wir draußen sitzen, trotz der Kälte – und wurden schnell gegrillt von der Gasbrenner, bis die Köpfe unserer Kinder glühen rot. Personal lachte, aber schwächen nicht das Feuer, sondern geben uns Eiswürfel für die Ohren.

*

Ich fragte, ob es möglich war, den Fisch mit Reis statt Kartoffeln bekommen: »Natürlich, mein Herr, können Sie einfach zu einem anderen Restaurant zu gehen!«

*

Die Kellner servieren von einem Mantra begleitet schlechte Milch.

*

Sie war ein wenig sexy mit ihrer riesigen Brille, aber leider ohne den Durchblick, denn sie brachte uns nur die falschen Gerichte. Mein Kumpel bat um ihre Nummer, er hat sie dann später am Abend für die Apportier-Fehler »bestraft«.

*

Erschreckend, die Zähne der Kellner war ein Steinbruch, und es war nichts Weißes mehr zu sehen, als er uns sprach.

*

Sie trug nicht viel Unterwäsche für ein Restaurantmitarbeiter, vielleicht war sie so in der Hoffnung, einen Mann fürs Leben finden? Schlechte dummes Mädchen.

*

Der Kellner, er muss dringend saniert werden.

*

Man merkt sofort, dass er verfügt über langjährige Erfahrung in der Disziplinierung und Demütigen seine Gäste.

*

Die sehr lebhafte und geschäftige Natur der Bedienung sorgte dafür, dass es nicht langweilig, aber leider von seine schrille Stimme hatten wir sehr starke Ohrenpfeifen für den Rest des Tages.

*

Es ist nicht appetitlich, wenn ein Fingerabdruck sitzt bereits in den Kartoffelbrei durch den Service, und dann stellt auch der Kellner noch schmutzige Fingernägel vor.

*

Es ist leider ein etwas unfreundlichen Ton: »Ich bin hier der Chef, und ich habe nicht einen Dreck, was Sie von meinem Essen zu denken. Ich weiß, es ist das Beste. Nehmen Sie diese fette Kuh, die sitzt neben Ihnen, und gehen Sie direkt in die Hölle!«

*

Die Köche prügelten sich und brüllten, und dann flog ein Hühnchen auf dem Boden – obwohl bereits nackt ohne Federn.

*

Nun, es sah aus, als hätte jemand auf unser Essen spucken, aber der Service sagte: »Nein, das kann nicht sein, das Küchenpersonal ist sehr gut – und ich persönlich habe es nicht getan bei Ihrem Teller, das ich sicher weiß.«

*

Ja, ja, Fett ist Geschmacksträger Nummer 1, so ist dies möglicherweise der Grund, der Kellner hat Olivenöl in seiner Perücke massiert, so dass die Damen wollen ihn zu beißen?

*

Die lächerliche Tunte vom Rezeptionsdesk strahlte mich an, dass der Koch immer ein Motto für das Menü macht. »Heute schwarz und weiß – Sie werden überrascht sein.« Ich sagte: »Sorry, ich glaube, es waren schon genug Überraschungen von schwarz und weiß in diesem Land. Spare ich besser meine Dollars, bye!«

*

Der Koch versuchte es lustig: »Wie Sie sehen können, ich habe eine sehr große Nase zum Kochen, und alle Gerüche der Welt hat Platz in ihr!« Leider seine Kleider sind voll von Blut, und mein vegetarischer Sohn beginnt sofort das Heulen.

*

Der Kellner schrieb die Bestellung auf seinen Block – so wir dachten, aber als ich später auf die Toilette, die auf der Theke liegende Block sah ich: Es gab nur Zeichnungen von verschmutzten dicken Schweinen an Tischen sitzend.

*

Das Restaurant und die freundliche Bedienung ist leider ein bisschen abgenutzt.

*

Das Erste, was ein Kunde in diesem Restaurant bekommt, ist die Überraschung der Aufmerksamkeit einer Bedienungsdame in gefleckter Jogginghose mit Hausschuhe. Das gibt ein Gefühl, wo Sie sind.

*

»Unser Sommelier ist leider krank«, wird uns gesagt, »aber Sie sehen bereits aus, als wenn Sie besser eine längere Pause nehmen sollen von Alkohol.«

*

Nach der Frage, ob das Meeresfrüchte-Medley war frisch, wurde mir versichert, es war natürlich so. Wir also probierten und beschwerten uns. »Es ist frisch! Frisch von der Verpackung geholt«, sagte der Boss und grinste uns.

*

Wir wurden begrüßt wie ein schlechter Geruch.

*

Misstrauisch wir fragen aufgrund dem Gericht von wilden Pilzen, das sehr seltsam und schlecht schmeckt, und er sagt: »Du kannst alle Pilze essen! Aber manche Pilze, okay, du kannst sie nur essen für ein einziges Mal, hahaha!«

*

Die Senioren auf dem Tisch neben uns hatte eine Art Milchreis, sie hatten zwei Löffel und sagten, dass es war schrecklich und sie es würden nur essen wegen der Angst von dem groben Kellner.

*

Immerhin der Service war schnell (kein Wunder, konnten sie es kaum erwarten, das Geld schnappen).

*

Mit jedem Gang der Kellner sprach ein kurzes Gedicht an unserem Tisch. Das hatte er spontan von seinem Weg aus der Küche ausgedacht. Wir konnten nur hören mit schmerzhafter Grimasse und schütteln. Aber ey: Er hatte seinen Spaß!

*

Ich fragte sehr freundlich, ob der Käsekuchen aktuell, also von heute. Es war ein sehr rabiater Antwort zurück: »Ja, aber du bist offensichtlich ein Gast von gestern.«

*

Wir kamen etwas zu spät, und der Oberkellner saß schon an unserem Tisch und wartete auf sein Bestechungshonorar.

*

Bei den Toiletten im Keller von das 2-Sterne-Laden war tiefe Depression. Ein alter Mann sitzt auf einem Stuhl und sah mürrisch aus seine »Underworld« mit der Warnung: »Auch hier nichts umsonst – wenn Sie das in Gedanken gehabt haben!«

*

Welcher Tag ist heute? Noch Tag 1 nach der Bestellung oder bereits Tag 2? Und wo der Kellner mit dem Bart?

*

Als ich ganz normal bestellte eine Portion Kautabak und einen kleinen Eimer zu spucken, wurde mit einem steifen Gesicht mein Mantel gebracht.

*

Der Koch muss Autodidakt sein, weil es wirkt, wie er alles in einer heißen Pfanne wirft, für ein paar Minuten warten, und dann halb roh und ohne Würzung kommt es auf dem Teller des Gastes zu parken.

*

Ich hatte noch nie von dem folgenden Verfahren gehört: »Ich rate Ihnen, immer anpassen Essen mit den Jahreszeiten: Im Winter können Sie Tiere mit Fell essen, im Frühjahr und Herbst die Schweine, und das luftige Geflügel im Sommer!«

*

Er war ein Kind und fiel in einen Topf mit Säure und deshalb ist nun ätzend.

*

Wir waren den ganzen Tag durch die Stadt gelaufen. So ich war müde, hungrig und sehr mürrisch. Ich sah mein Gesicht nicht, aber muss es sehr abschreckend gewesen sein. Kellner und andere Gäste ließen uns jedenfalls allein in der Stille.

*

Sie brachten uns den Milchreis, der an der Oberfläche aber viel zu braun geschmort. Das kann kein Zufall. Klare Sache: Sie müssen Rassisten sein hier!

*

Ich meldete: »Wenn ich auf das Fleisch drücke, kommt immer Blut.« Der Kellner: »Was drücken Sie darauf herum, Sie sollen es essen. Benimm dich, du Ferkel!«

*

Der Kellner war von Beginn an sehr traurig und teilte uns beim Bezahlen schließlich mit: »Bitte, Sie müssen verstehen: Elvis Presley hat heute seinen Todestag. In meiner Vorstellung er war mein bester Freund, und wir lieben beide diese schwierige Priscilla.«

*

Man drückte uns eine Karte in die Hand und wünschte: »Viel Glück bei der richtigen Auswahl: Die Hälfte ist nicht verfügbar, die andere schmeckt nicht!«

*

Es ist lobenswert, wenn die Menschen mit Behinderungen einen Arbeitsplatz zu finden, aber eine gehörlose Person in Service ist ein bisschen schwierig, wenn Sie eine Beratung wünschen.

*

»Entschuldigen Sie bitte die lange Wartezeit, aber meine Unterwäsche war noch nicht getrocknet, so war ich zu spät zu meinem Job. Was möchten Sie essen, meine Damen und Herren?«

*

»Vielleicht versuchen unser Salatbuffet, denn es ist sehr gesund!« Aha, denkt das dumme Person, ich besuche das Steakhaus, zu essen Kaninchenfutter?

*

Seine Perücke verließ ihm beim Servieren und rutschte über den Tisch, worauf wir alle lachten. Das führte dazu, dass wir nur noch zu der halben Stunde serviert wurden leider.

*

Der schwachsinnige Italiener mit seiner Show-XXL-Pfeffermühle drehte und drehte, bis nicht nur die komplette Teller, sondern auch noch die Tischdecke und ein Teil unsere Bekleidung war verpfeffert.

*

Ich hasse diese junge Gockelgeschäftemacher, weil ich eine scharfe Schneide und reife Frau mit reifen Geschmack bin. Warum muss ich zu den Restaurants gehen? Um andere Menschen zu hassen?!

*

Unbegründete Unverschämtheit des Servicepersonals: »Du alter Bock, ich empfehle dir heute die junge Ziege!«

*

Der Oberkellner war ein armer Kerl, weil er einen Stock verschluckt hatte und spaziert wie ein Pfau zu Fuß.

*

Wir kamen an und spürte sofort die Feindseligkeit gegen uns. Die Menüs wurden im Grunde auf uns geworfen.

*

Der Kellner besuchte unseren Tisch so oft, dass ich fürchte, meine Frau hat eine Affäre mit seiner Korkenzieher.

*

Es ist nicht ideal für das Servicepersonal, mit Warzen über-säte Händen haben.

*

Die Waden der Bedienung sahen lecker aus – auf jeden Fall besser als die Hühnerbeine von meinem Teller.

*

Okay, auch wenn es nicht ästhetisch, dass der Kellner hum-pelte hin und her, aber zumindest hat er es so schnell wie bei den Paralympics.

*

Der Eigentümer sah aus wie Harry Potter, aber er hatte offen-sichtlich keinen Magie-Kochlöffel.

*

Er sollte mindestens bekommen einen kleinen Kamm zu seiner Rotzbremse Ausbürstung, um den Manieren Eindruck auf die Gäste zu machen.

*

Mein Glas hatte eine scharfe Kante, also fragte ich nach einem neuen: »Auf keinen Fall, es tut mir leid, bitte bedanke dich bei deinem Vorgänger, der zu dumm zum Trinken war.«

*

Die Weinkarte war so dick wie die Bibel und nur etwas für Gläubige des Alkohols.

*

Natürlich sollte es in einem Restaurant kein Ungeziefer. Aber hier gab es zwei davon: den Inhaber und seine Frau.

*

Der Kellner war verliebt in seinen Tischbesen und die Schaufel, und deshalb ist er auf der Suche nach Krümel, die auf unserem Tisch zu entfernen er alle fünf Minuten kam.

*

»Wie wäre es mit einem Scotch als Aperitif?« Der Typ dachte, wir aussehen, wie kommen wir gerade aus dem Betty Ford Center?

*

Der Bediener empfahl uns, der Balsamico-Essig ist gut für die Haut. Ich werde es zuerst ausprobieren auf meinen Hintern, falls es schief geht.

*

Der Besitzer war sehr nervös und schaute ständig auf sein Mobiltelefon. Schließlich er warf uns zwei Schürzen und sagte: »Können Sie sich bitte kümmern um den Ort und die Gäste, denn ich muss ins Krankenhaus, meine Frau hat ein Kind!?« Das war eine gute Nachricht für ihn, aber drei erschöpfte Stunden für uns.

*

Man hat ihn jahrelang gedemütigt, und so wurde er ein Kellner, um die Rache zu nehmen.

*

Der Betreiber versuchte fünf Minuten, die Rotweinflasche zu öffnen, dann ist er verschwunden und kommt mit zwei Pullen Bier zurück: »Rotwein ist ausverkauft, aber die gute Nachricht: Bier ist heute im Angebot!«

*

Die Bedienung zeichnete ein Schwein auf der Papiertischdecke, dann ein Messer, das diese sticht in den Bauch und eine Blutfontäne, die herausschießt. Darunter zeichnete sie einen Topf, der auf dem Feuer steht. Ich verstehe, dass es gibt Blutsuppe der Sau. Dann die Frau lachte mit schmutzigen Husten, aber ich bin nicht sicher, ob ich hier richtig bin.

*

Was macht ein Koch, der mit Badebekleidung in einer Küche zu suchen? Wenn Sie es auch nicht wissen, dann kommen Sie hier zu diesem Ort und fragen ihn selbst!

*

Sommelier brachte uns ein billig Lambrusco statt Merlot, wie bestellt. Er bestand darauf, er war richtig. Wir haben darauf hingewiesen, ihm fehlte die Fähigkeit, ein Weinetikett lesen. »Egal. Dafür kann ich eure Rechnung schreiben«, seine Antwort.

*

Servicefrau drückte ihren Daumen auf mein Steak, um den Beweis, dass noch leicht Blut spritzt in mein Teller. »Sehen: Medium, wie Sie bestellt, Sir«, war sie offenbar sehr zufrieden.

*

Mein Ratschlag an das Personal: Auch wenn du mit einem schlechten Tag, saug es auf und tue deine gottverdammte Dienerarbeit, ich bezahlen dich für.

*

Du kannst wirklich nicht sagen, dass die Kellnerin ein Gramm zu viel hat. Es ist schon mehr eine ganze Tonne.

*

Aufforderung der unfreundlichen Art: »Wenn Sie mit den Chicken Wings ohne Befriedigung, warum essen Sie dann nicht Ihre Ellenbogen!?«

*

Nach einer Weile dieser arrogante Kellner mit Eidechsengesicht warf mit herablassende Stimme die Dessertmenüs auf uns. Ein blöder Arschgesicht.

*

Weiße Kinder, die hier servieren, haben ausladende Hüften. Musste ich alle Zeit mein Weinglas schützen vor dem Zusammenstoß mit den speckigen mittleren Körperstellen.

*

Jeder wartet auf irgendetwas; die Servicemenschen hier auf ihre Kündigung. Sie kleckern und beleidigen die Gäste. Wenn sie noch die Abfindung warten, schickt sie zu mir! Ich stopfe sie wie die Gänse!

*

Ich bin einfach und brauche nicht viel zur Zufriedenstellung, aber eine saubere Unterhose sollte das Personal tragen, wenn sie es bei jeder Passage unter dem Minirock präsentieren möchte.

*

Bedienung von der überheblichen Art. Wenn sie ein Gericht auf der Karte, es würde heißen »Schnepfennase paniert«.

*

Wir waren supernass, denn wir in ein Gewitter geraten waren, also verweigerte man uns Einlass: »Sie könnten besser im Meer schwimmen gehen und dort unter Wasser den Fisch verzehren, hahaha!«

*

Beim Betreten werden deine Nasenlöcher von einen muffigen Mischung aus Sägemehl und Ausspuck begrüßt. Der öliger Kellner macht das nicht besser.

*

Wie wir warteten auf unsere Bestellung, die Jahreszeiten kommen und gehen.

*

Es kann wohl sein, dass er einmal war der König von Jongleuren, aber das sicher war vor 30 Jahren, und heute wirft der Opa unser Essen ohne große Umwege in den Sand.

*

Er ging in die Küche, dann ein lauten Schrei aus, und als er zurückkehrte, brachte er als Bonus eine rote Birne mit, das nicht beabsichtigt war, für uns zu essen.

*

Hey, wenn es ums Essen geht, hast du hier sicher falsch geparkt, Junge! Ich bin hier auf einen sehr indifferenten Kellner gestoßen.

*

Der Rezeptionist hatte fürchtbaren Mundgeruch.

*

Wir wollten Bier auf der Terrasse zu bekommen, und es wurde gesagt, dass es leider nicht möglich, weil es ist dort zu heiß für das Bier.

*

Chaos ist überall und eine sehr böse Knecht.

*

Auf der Habenseite der Kellner war sehr rücksichtsvoll, denn sorgte dafür, dass wir nicht verbrennen unsere Münder, weil er das Essen serviert nur lauwarm bis kalt.

*

Ein schlimmer Service! Der Wein des Jahres wurde mit einer Explosion an dem Tisch entkorkt, bei allem Respekt, die Hälfte so schüttete man uns auf die Figuren.

*

Ich bin Vegetarier und so bestellte eine Gemüsesuppe, aber ich fand einen Hühnerknochen in ihm. Als ich mich beschwerte, wurde mir gesagt: »Was willst du, es ist nur ein Knochen, kein Fleisch, ist alles in Ordnung!«

*

Der Kellner wird umhüllt von der Aura des sadistischen Folterknechtes.

*

Mein Freund bestellte Cola und ich Mineralwasser, und der Kellner, ohne zu fragen, füllt uns die Gläser mit der Hälfte davon jeweils, sodass wir beide erhalten ein blödes Mixgetränk.

*

Der Eigentümer schien ein veritabler Anhänger des Puffreisessens während der Arbeit.

*

Der Kellner benötigt sehr lange für die Notierung der Bestellung, so wir dachten. Als wir später bezahlt hatten, er gab mir ernst die Rechnung, was aber war eine sehr genaue Zeichnung von meiner Frau, leider mit einer großen Karotte in ihrem Mund!

*

Sie trug ein wogendes Kleid, und sie diente die Gerichte mit einem indischen Ausdruckstanz – die Hälfte von unsere Essen auf dem Boden gelandet.

*

Von dem außergewöhnlich blödes Grinsen des Kellners vermutete ich, dass die Hirnsuppe, das er mir brachte, wurde von seinem eigenen gemacht.

*

Der Barkeeper war eine aufgedunsene Gesicht und sah aus wie Rod Stewart, aber zumindest er trug vernünftige Kleidung und fing nicht an zu singen.

*

Sie flüsterte absichtlich, so dass Sie kommen nah an sie, um zu verstehen, aber dann riechen Sie leider den Körper.

*

Das Eisdessert war nur noch eine weiße Pfütze. »Wir geben das immer so, das ist besser für Ihren Magen, denn es ist nicht so kalt.« Wer ist hier verrückt?

*

30 Minuten nach der Bestellung der Kellner kam, zu fragen, ob wir gebratenes Huhn oder gegrillten Hühnchen lieben, denn das wäre schneller als die Fischplatte, was wir geordert hatten. Wir sollten besser sehr sorgfältig überlegen, bevor wir seinen Wunsch ablehnen.

*

Wir fühlten uns behandelt wie eine Art von unerwünschten Verwandten.

*

Der Service war verführerisch aufmerksam nur bis dem Zeitpunkt, unsere Hintern küssten die Stühle.

*

»Ich bin allergisch gegen Tomaten, was empfehlen Sie mir?«
»Wie wäre es mit Spaghetti mit Tomatensauce, aber die Sauce ohne Tomaten, so nur mit dem Speiseöl und Salz?«

*

Als meine Frau leider verschüttete die ganze Suppe, erschien der Diener sofort, aber leider nicht zur Hilfe. Er stattdessen fragte, ob er kann ein Foto machen: »Es ist für eine gastronomische Forum im Web, gibt es einen Abschnitt mit witzigen Fotos von Pannen der plumpen Kunden.«

*

Weil ich über die lästige Fliegen klagte, er sagte: »Frag nicht, was kann die Kellner für mich tun?, sondern: Was kann ich für den Kellner tun?«, und dazu gab mir eine Fliegenklatsche.

*

Nach dem Bezahlen die Bedienung fragte einfach meinen Mann: »Wann willst du etwas mit mir machen?«

*

Als ich fragte: »Von welcher Provinz in China kommt Ihre gebratener Reis und die Bratnoodles«, sagte der China-Mann: »Wir haben darin der Besten von allen, und von gestern und heute sogar gemischt!«

*

»Deine lahme Mutter – oder wer auch immer ist diese Oma – bitte sollte schneller essen, denn ich möchte den nächsten Gang servieren. Oder bevorzugen Sie ihn kalt?«, drängelte der grobe Bösewicht.

*

Der Service könnte sagen, dass das Geschirr ist sehr, sehr heiß, aber er wartete schon wahrscheinlich auf die Verbrennungen unsere Finger und war begeistert von den Schmerzenschreie.

*

Immer wieder unser Diener war verschwunden, und wenn er dann wiederkehrte, er qualmte aus Mund und Nase noch.

*

Die beiden Kellner in dem Strandrestaurant tragen Sandalen, Jeans und Spaß-T-Shirts. Auf dem einen Shirt steht: »Ich bin der Beste.« Das Shirt von dem anderen Mann sagt: »Nein, ich!« Nicht so schön ist leider, dass sie uns behandeln, wie wenn ich trage das T-Shirt: »Ich bin der letzte Dreck«, und meine Frau: »Nein, ich!«

*

Er donnerte die Fischplatte auf den Tisch, als ob er die Fische erschrecken will, aber diese waren doch bereits totgebraten worden, im Gegenteil zu uns erfreulicherweise.

*

»Gluten? Was ist das? Wenn es gut schmeckt, dann ist dieses Gewürz in unserer Nahrung 100 Prozent, wenn es schlecht schmeckt, dann nicht! Kapierst du?« Betreiber von ermäßigte Intelligenz, leider.

*

Die strikte Bedienung kam an den Tisch und sagte: »Sie sind am Telefon verlangt.« So ich kam mit ihr, aber es gab keinen Anruf. Sie sagte, dass es keine Wahl gibt, und ich muss sie später treffen für ein Gespräch ohne Tabu und nachfolgende Bestrafung durch sie persönlich.

*

Rüde Ansprache: »Warum blätterst du in der Speisekarte herum so lange, kannst du nicht lesen? Oder suchst du das Horoskop?«

*

Ich fragte sie, was sie empfehlen mir, wenn es schnell gehen muss, weil ich habe ein Business-Meeting. »Geben Sie mir zehn Euro, dann bekommen Sie ein großes Glas Milch zu trinken, und danach haust du ab!«

*

»Gefesseltes BBQ-Chicken mit rote Paprikasaftinjektion«, das ist nicht lustig, aber erinnert mich an meinen Aufenthalt in der psychiatrischen Klinik.

*

Es war sehr kalt in dem Restaurant, deshalb fragte ich, ob die Heizung defekt ist: »Ja, und du bist der Gewinner des großen Gewinnspiel, weil niemand außer dir hat es erraten. Der erste Preis ist eine Tracht Prügel von unserem Boss, um richtig aufzuwärmen!«

*

»Hey, Mädchen, Sie sehen aus, als ob Sie dringend brauchen viel Spaß, ich kann Ihnen sofort helfen. Wie wäre es mit viel Alkohol, und dann gehen wir zu einem Freund von mir, und wir werden umfangreiche um Sie kümmern?« Das ist nicht das, was wir von einem Gastgeber hören möchten, wenn auf der Suche nach einem Restaurant mit gutes Essen in der Innenstadt.

*

Sie trug keine Schuhe, nur dicke Socken, die mit einer Schnur an den Beinen befestigt waren. Als wir fragten, ob dies eine übliche Tracht hier, sagte sie: »Nein, es ist praktisch. Ich schnitt die Ärmel alter Pullover ab und benutze sie als Strümpfe. Selbst der Boden wird automatisch gereinigt . . .«

*

Der Besitzer des Restaurants »Hinter Gittern« war ein Kriegs-
veteran. Wenn er einen schlechten Tag hatte, gab er uns Biergläser, in die Handgranaten-Hülsen gesunken waren. »Leer
trinken. Völlig leer«, so seine nicht sehr freundlich gemeint
Aufforderung.

*

Nach dem Essen fragte sie uns: »Möchten Sie die Dessertkarte
haben?« Als wir bejahten, sagte sie: »Okay, aber das macht
keinen Sinn, denn es gibt nur Kaffee, also ja oder nein?«

*

Kellner mit Schlaganfall tut mir erst leid. Nach dem Abendessen aber würde ich gerne auch seine andere Seite kaputt zu
schlagen.

*

Er lachte: »Sie fragen, was empfehlen? Abhauen empfehle ich
Sie!«

Minuspunkt Ambiente

*

»Tischtuch war durch viele schmutzige Schlachten gewesen.«

Bist du richtig hier für ein romantisches Neonlight-Dinner für zwei.

*

Der Tisch wackelte ein wenig, sodass ich eine Papierserviette darunter stellen würde: Jemand schon die gleiche Idee hatte, aber mit einem Stück von seinem Steak!

*

Wir blickten durch das Fenster, und es war nicht so, dass die Gäste zufrieden und glücklich aussehen.

*

Ich hatte ein paar Tage vorher reserviert, aber als ich dort ankam, war es noch nicht möglich zu essen, da das Haus von Gas explodiert war.

*

Aus dem Keller hörten wir Schreie unbekannte Art und wussten nicht, ob jemand einen Film ansieht oder dort vielleicht etwas gefangen ist, das wir essen sollten. Wir bestellen zur Sicherheit einen stummen Fisch.

*

Ich ging die Treppe hoch, um zu sehen, wo die schönen Jazz-Musik. Fünf ältere Männer mit haarigen Ober- und Unterkörpern spielten die Instrumente, und hinter den Türen konnte ich deutlich hören nackte Rhythmusgeräusche: Dies war kein Jazz-, es war ein Swinger-Club.

*

Wenn es zu regnen begann, Wasser nach unten tropfte bald an einigen Stellen von der Decke. Aber gut, immer noch besser als der Besuch von unten von die Abwasserkanäle.

*

Der Gastraum wie eine Bahnhofshalle groß, und widerschallen meine Schritte. Keine Kellner oder Gastgeberin, aber fünf betrunkenen Jungs und ein beängstigend alte Frau an der Bar.

*

Es war so zugig wie in einem Take-away, und als wir fragten, ob einige der Fenster kann geschlossen werden, angesprochen haben sie uns: »Hast du tote Nase? Es stinkt, so haben wir die Fenster offen zu halten.«

*

Die Kinder des Besitzers machten ein Spiel, spucken mit Olivenkerne durch den Raum, was mich wirklich gestört. Aber später bekam ich zum Glück eine von ihnen auf der Toilette und warf ihn hinein: »So, jetzt für meine Olivenkerne tauchst du.« Rache ist süß.

*

Wie kann ein Restaurant die Handwerker rufen, sodass sie kommen, um in der Mittagspause zu arbeiten? Es war ein unerträgliche Lärm der Presslufthämmer und dazu dichter Zementstaub zum Beißen.

*

Die Bilder an den Wänden waren eines naiven Künstlers, oder der örtliche Behinderten-Malgruppe hatte sein Glück versucht.

*

Es gab überall Staub in der Einrichtung, es sah aus, als ob wir die ersten Gäste seit vielen Jahren. Wir fragten nach der Speisekarte, aber es gab nur einer mündliche: Spiegeleier mit Kartoffeln oder Spiegeleier ohne Kartoffeln. Wir lachten und verließ das Dorf.

*

Hunderte Katzen und ihre Haare sollten nicht ein Ärgernis für Sie sein, wenn Sie hierherkommen möchten.

*

Die Ausrüstung ist komplett von der schwedischen Möbel, und daher ist alles schief und wackelig, auch die arme Schüssel der Toilette war bereits in die Luft gesprengt.

*

Die Preise sind sehr lustig und passen zum Gastraum: Sie denken, sitzen im Inneren einer Öllampe.

*

Der leise-scharfe Geruch von menschlichem Kot wehte wie ein unsichtbares braunes Band durch den Gastsaal. Wenn dein Eigengeruch selbst sehr stark, merkst du vielleicht nicht.

*

Servicemann mit Fleischfetzen und Gruß von Petersilie zwischen den Zähnen.

*

Improvisation ist okay, aber es gab uns kein Gefühl des Komforts, dass wir auf nassen Sitzkissen mit Plastiktüten bedeckt zu sitzen hatten.

*

Glanz-und-Wow-Faktor in der Minuszone und ein Chefkellner mit der hängenden Unterlippe.

*

Mit ihrem Plastik-Teppichfußboden treiben die Besitzer die Elektroschockforschung maßgeblich voran. Nach 30 Meter bis zum Tisch waren wir mit schätzungsweise 1000 Volt beladen, die Haare stehend, unsere Häute knistern und Funken in den Augen.

*

Wir fanden eine angeberischen Blumendekoration auf unser Tisch, der uns keinen Platz für unsere Arme aufstützen ließ. Auch konnten wir uns nicht mehr sehen, nur noch hören.

*

Mit seinen roten feuchtglänzenden Eingangstüren schien der Laden uns wie Magie anzusaugen und für immer zu verschlingen. Wenn wir durch sie, alle Sinne erstarben für den Augenblick. Es war wie eine Rückwärtsgeburt, glauben Sie mir!

*

Blinkernde Glitzersterne über alle Tische machen ein so grellen Licht, dass man sieht die Tischnachbarn nur als Schatten. Wieder zu Hause habe ich Probleme beim Sehen der Monitor wegen der verbrannten Flecken auf meiner Netzhaut.

*

Eine große Elchkopf an der Nordwand des Raumes gab allem eine Art Alaska-Atmosphäre mit sehr viel haarige Nase.

*

Wir saßen auf hohe Barhocker mit tiefen Lehne. Die Unbequeme half, wach bleiben nach der schweren Kost. Lüften wir eine Arschbacke nach der anderen, um die Druck gleichermaßen zu verteilen. Schnell essen empfohlen.

*

Aus den Lautsprechern in der ganzen Stadt läuteten Weihnachtslieder in einer nicht festlich Lautstärke, sodass der Restaurantbesuch war ein nervtötenden Geschäft. Wenn ich ihn fange, der für diesen Sound verantwortlich ist, wird er für sein Leben beten!

*

Stühle knarrten unangenehm furchtbar laut während der kleinsten Bewegung, als ob wir wären die Doppelzentner-Bande.

*

Die Kellner hatten eine große Schiffsglocke, die sie immer läuteten, wenn es Trinkgeld gab. Als erster Liebhaber der Ruhe habe ich natürlich dafür gesorgt, dass es nach meinem Besuch leise blieb für die anderen Leuten im Restaurant.

*

Vor dem Restaurant mit Blick auf die Terrasse lag ein zusammengesackter Opa mit angeschwollenem Ohr, hin und wieder richtete sich auf und fiel zu Boden. Es war nicht schön mitanzusehen, und vor allem seine dumme Kappe saß die ganze Zeit schief auf seinem Kopf.

*

Jemand hatte ein glorreiches Loch für den Penisbehandlung in die Wand der Toilettenkabine gebohrt – so erwartete ich es eigentlich nicht in einem exklusiven Restaurant für Feinschmecker.

*

Es war so dunkel im Raum, wir mussten aufpassen, uns nicht in die Finger zu schneiden beim Zerteilen der Speise, und konnten nur mit Mobillampe in der Hand zu den Waschräumen suchen.

*

Es war ein Gitarrist, der Bossa-Nova-Standards zu interpretieren versucht, aber wenn er anstatt nur seine eigenen Schuhe auf der Bühne ohne Musik poliert, würde er viel besser gefallen.

*

Was soll ich sagen: Die Dekoration war wie fast immer in einem Sternerestaurant: scheiße teuer, aber in der ersten Linie scheiße.

*

Als sie dachte, in bin abgelenkt, ergriff die Kellnerin meinen Dessertlöffel und gab ihn an den Nebentisch zu einen Mann, seine Crème Bruxelles zu essen. Können Sie sich vorstellen, so eine Löffelnotstand?! Ich nicht.

*

Personal allgemein in großer Schlafmützigkeit. Was sich auf die Esser an den Tischen übertragen, so alle schwer müde und schweigen. Nur ein bisschen Klapper von Metall auf Porzellan kannst du hören.

*

Warten auf das Essen war schmerzlich lange. So konnten wir aus erster Hand studieren das Küchenpersonal spielt mit Geschirr und Gas befüllten Plastiktüten sich schnüffeln unter die Nasen halten.

*

Sitzplätze sind Mangelware. Nehmen Sie schnell einen Stuhl und bereiten Sie Ihren Hintern vor, seinen Platz mit einem anderen Arsch teilen zu müssen.

*

Ein Kellerlabyrinth mit unzähligen Treppen; die versteckte Botschaft: »Rollstuhlfahrer, sollen Sie bitte draußen bleiben!«

*

Plastikpflanze träge von der Decke und gefälschte Gummibaum kämpft um Aufmerksamkeit im Wettstreit mit ein Verkäufer, der Lutscher verteilt in der Größe von Affenköpfen.

*

Verstärkter Verkehr von Donuts in diesem Laden. Donuts, alles Donuts. Sonst nichts.

*

Besitzer ist Jäger. Bei der Bestellung Sie überlegen besser nicht zweimal, wenn Sie nicht enden wie die roten Flecken an der Wand.

*

Störend war die Wand von Fernsehgeräten, die alle zeigen Dokumentation von Bauchchirurgie: Nicht genau das, was eine Traube von etwas beschwipsten Menschen wollen vor der Hauptspeise.

*

Die griechischen Restaurantinhaber glauben, dass ein Restaurant im Keller oder Erdgeschoss ein angenehmes Grottengefühl zu erzeugt für den Gast? Sie hängen alte Taschen mit Kreta-Inschrift auf der Wand, setzen leere Flaschen Metaxa auf dem Regal, rauchen, bis die Wände sind braun, und das ist es mit der Einrichtung von Schrott.

*

Von außen machte keinen besonderen Eindruck, von innen leider auch nicht. Und das Essen ich will besser zu verschweigen.

*

Strafgebühren für mangelnde Hygiene: Die Witzbolde verwenden einen alten kaputten Fisch als Türstopper für die Tür zur Küche.

*

Er hieß John und hielt sich für Glenn Gould oder einer dieser Klaviergötter, jedoch der Hund aus der Muppet Show hätte besser für uns klimperte.

*

Sitzfläche der Möbeldesign-Stühle war unglaublich klein, so hing nicht nur von meine Familie ein paar Pfund von den Seiten nach unten leider.

*

Die gelben Tischdecke hatte Motive der Provence gedruckt: Oliven, Lavendel und andere Details. Aber man konnte nur schlecht sehen, denn es gab viele Speisereste, die darauf klebten.

*

Dieser Platz ist immer abnormal überfüllt. So immer ein tiefes Summen im Inneren. Sie fühlen sich wie in ein großen Bienenhaus.

*

Im ganzen Haus gab es eine Dekoration für Silvesterparty – aber sie alt und schäbig war, und wir waren im Juli jetzt. Okay, sie dachten, kein Problem, schon bald wieder ins neue Jahr!

*

Die Sitzplatten der Stühle waren so tief, dass man nur stützen konnte das Kinn auf den Tisch mit großen Schwierigkeiten.

*

Die Kombination aus roten Wänden mit Kunststoff-Goldschmuck und Bambusmöbel nicht ausdrücklich für meinen Geschmack erfunden worden, sodass ich schon deprimiert, bevor mein Essen kommt.

*

Großer Nachteil: nur eine Damentoilettenkabine in einem Restaurant mit über hundert Plätzen. Kleiner Vorteil: immer die warme Klobrille von deine Vorgängerin.

*

Im Gastraum es riecht nach Eukalyptusöl gemischt mit Hühnersuppe und Menthol: klarer Fall von kranker Koch.

*

Atmosphäre wie eine abgestandene Ehe.

*

Dies ist ein schmaler Restaurant. So eng, dass man nicht kann aneinander vorbei, ohne sich zu streifen gegenseitig an Bauch, Hüften und Hintern. Nicht mein Fall diese Zwang zu Körperlichkeit.

*

Um das Warten zu verkürzen, ich bat um eine Zeitung, also man brachte mir ein geflecktes Exemplar von gestern aus der Küche. Vielleicht ein Fisch die Zeitung hatte letzte Nacht bereits als Decke verwendet?

*

Sie bringen das Fleisch mit Handschuhen. Als ob es vom kranken Kuh heruntergeschnitten.

*

Wenn du magst das niedlich Kleine: Die Toilette ist voll von Babykakerlaken.

*

Geschmack der Nizza-Knödel ist durchsichtig geblieben über die Jahre. Zugleich ist der Service langsam.

*

Wenn sonst auch alles scheiße, so ich aß wenigstens eine schöne gelbe Käsetoast.

*

Stimme der Sängerin war sehr nett, schaffte aber nicht alle Kundenwünsche, ohne zu brechen.

*

Separate Toilette kann eine langweilige Aufenthalt für dich sein. Keine Unterhaltung.

*

Grau, knusprig und voller Löcher ist das Tuch, mit dem die Wirtin wischt den Holztisch. Er bewegt sich auch von alleine: der Lappen – nicht die Tisch.

*

Ich bin heute sicher: Das in der Salzflasche waren keine schwarzen Körner Reis. Das waren Nagel von Fuß oder Hand!

*

Räucherstäbchen, die wahrscheinlich dazu bestimmt waren, die Fritteusen-Dämpfe decken, mischen damit eine unwill-kommene Rezept für die Nase.

*

Sehr schlechte Zähne fragen mich, was ich bestelle. »Große Portion Sauerkraut«, hätte ich fast gesagt. »Und ich lade Sie ein, essen zusammen. Hilft hervorragend bei Skorbut!«

*

Messer und Gabel aus Aluminium und weich wie Wachs also. Haben Sie so keine Chance zu leeren Teller mit Freude und akzeptabler Zeit.

*

Warum Mohnblumen auf dem Tisch? Machte mich ganz schwindelig benommen diese Pflanzen. Okay, vielleicht auch Phantasie! Aber keine Frage: Mohn gehört nicht zur Tisch-dekoration. Mit Mohnkuchen ich habe weniger Probleme.

*

Das Lamm wurde mit Humus und Salat und unerwarteter Bil-ligkeit serviert.

*

Kellners Hände mit schwarzen Haaren – wie lockigen Scham-haare. Paah!

*

Das Restaurant roch nach frisches Blut, mein Mann liebte es, ich weniger.

*

Das Tischtuch war durch viele schmutzige Schlachten gewe-sen.

*

Je nachdem, von welche Richtung der Wind kommt, man kann das Restaurant empfehlen oder nicht.

*

An den Wänden hängen leider sehr schlechte Bilder von einem Künstler, der Freund mit dem Chef des Restaurants war. Und wenn ich sage »sehr schlecht«, meine ich damit »sehr schlecht«.

*

Oh, mein Gott, es ist so dumm, auf der Toilette sie haben ein normales Toilettenpapier und daneben eine große Küchenrolle mit dem Schild darunter: »Nur für die fetten Ärsche!«

*

Die Vorspeise-Suppe wurde in einer Spritze (wie in einem Krankenhaus) serviert. Also ich hatte Angst, dass der Wein konnte vielleicht in einer Urinbeutel gereicht werden, aber die Snobs dann präsentierten uns Trinkgläser zur Verfügung.

*

Das Tischtuch hatte ein Muster aus achtziger Jahren, aber es sehen die Flecken durch Futterreste heute gleich genauso aus. Können wir also sagen: alles zusammen eine Mixtur aus Vergangenheit und Zeitlosigkeit.

*

Die Menükarte wurde eingeschweißt, sodass sie nicht von den schleimigen Händen der Gäste befleckt? Nicht edel!

*

Blumenschmuck von staubigen Kunststoff. Und so schmeckt er auch unsere Gerichte.

*

Okay, ich habe schon Schlimmeres gegessen, aber wenn Ihr Stuhl zusammenbricht, auch wenn Sie Normalgewicht besitzen, und dann auch noch die Tisch am Schütteln ist, sind Sie gerade nicht die beste Stimmung, die Sie haben könnten.

*

Leider Zahnstocher aus zweiter Hand.

*

Es roch stark nach billig Alkohol und Zigaretten. Ich mag es manchmal beides, aber nicht mein Favorit für das Mittagessen.

*

Zuerst denken wir, schön: Großes Aquarium teilt fast den gesamten Raum. Doch alle Fisch und Hummer schauen leider sehr hungrig hinter dem Glas. Ruinierten sie so unseren Appetit.

*

Restaurant mit angrenzender Kegelbahn. Viel Grollen und Heulen und Schreien aus dem Hinterzimmer. Bowling wahrscheinlich viel interessanter als sitzen herum und essen gut gepflegt.

*

Pfefferstreuer mit Gesicht wie Saddam Hussein. Salzstreuer normal.

*

Sitzkissen waren mal grün. Aber haben es ein paar Liter Apfelsaft, Bier und Käsesahnesauce erwischt. Jetzt sind die Pads grau und machen einen saugende Ton, wenn Sie Ihren Hintern zu heben.

*

Elefantbeine zum Restauranthocker … Ich fühlte mich mehr traurig als exotisch.

*

Die Toiletten sind über eine schmale Wendeltreppe eine Etage tiefer zu erreichen. Schwindelige Kopf macht aber nicht die Treppenkurven, sondern unten plötzlich Sie umarmende Geruch von Verwesung.

*

Es war dies ein Tempel komplett gemacht von Plastik und billige Imitate von Chinesen-Scheiße.

*

Fliegenfänger von den Decken hängen. Mit vielen toten Brummern darauf kleben wie Rosinen. Hofften wir, dass der Klebstreifen noch nicht trocken und mit ausreichend Haftkraft.

*

Es war ein Streichquartett der Kinder, die Weihnachtsmusik spielen würde, aber sie waren so schlecht und falsch, dass die Milch in der Brust meiner Frau wurde sauer.

*

Der Besitzer hat ein komische Spleen: lässt sich mit jedem fotografieren, der mehr als 100-Euro-Rechnung. Alle Wände voll mit komisch guckender Leuten und immer gleicher Chef, mal in jung, mal immer älter mit den Jahren. Macht mir Horror.

*

Wie kann man auf die Idee und öffnen Sie ein Restaurant in einem Keller? In einem Keller riecht es vom Keller, und es gibt die Ratten. Aber ich sage euch, der Herr wird Wasser zu senden und sie alle jämmerlich ertrinken in ihren Kellerloch!

*

Schön geformte Deckenventilatoren wie in alten Zeiten von Hollywood-Filmen, mit großen Rotorblättern. Nachteil: zu viel Power und zu laut. Die Haare fliegen mit jeder Umdrehung, und Essen schnell kalt.

*

Mein Sohn kehrt heulend zurück von der überschwemmte Toilette, und er hatte nasse Knie!

*

Ziemlich engen Eingangstür aus Holz. Musste den Körper seitlich drehen und gehen quer wie eine Krabbe. Und dabei ich bin nicht besonders breit. Aber was kann wirklich dicke Menschen hier tun? Vor der Tür bleiben?

*

Es gibt wenig Licht in dieses Restaurant. Die ganze Tischdecke wurde komplett mit Wachs tropfte, und es war ein Sechsarm-leuchter, als ob wir in der okkulten Messe für Satan waren. Vermutlich eine Fledermaus bringt uns gleich die Karte ge-flattert – in Blut geschrieben.

*

Immer, wenn die Toilettentür öffnete, kam ein starker Geruch Reinigungsmittel im Mix mit was sie dort hinter der Tür zu machen.

*

Es ist nicht toll, wenn Sie eigentlich erwarten ein schöner Abend. Dann öffnen Sie die Tür von dem Restaurant und müssen Mitgefühl mit den eigenen Augen und Ihren Sinn für Ästhetik entwickeln.

*

Es gibt leider kein Nichtraucherbereich, trotz EU-Gesetze zwingen sie uns zu rauchen! Sie sagte: »Wir können nicht ver-stehen. Rauch! Warum nicht? Hey!«, und versuchte, die Ziga-rette in den Mund mir stecken.

*

Einrichtung aus buntem Müll, lausige Service und kulinari-sche Vandalismus.

*

Überall die Wände gibt es Bilder von selbst ernannten Künstler, der wahrscheinlich betrogen hat die dumme Wirt und hat ihn seinen Abfall im Austausch für Nahrung gelassen.

*

Die schmale Wendeltreppe in den Keller zu den Toiletten ist eine große Bedrohung für alle Gäste – sicherlich gab also schon Tote, aber sie in den Keller sofort zur Seite gepackt wurden, dann gehäckselt und als Futter für die Restaurantgäste.

*

Unser Gastgeber sagt uns: »Nicht nur Chinesen haben Probleme mit Landsmänner. Bei der Öffnung von einem griechischen Restaurant kommt die kriminelle Organisation, die sagt, wie Sie es einrichten, was Sie kochen dürfen und wie Sie es nennen. Wenn Sie etwas anderes machen wollen, würden Sie sicher sein, dass Sie das Restaurant werden bald zu schließen zu haben. Oder alternativ, um nicht diskutieren, werden sie dich töten.«

*

Ich bin immer noch von den billigen Mistmöbel geblendet.

*

Die fleckigen Speisekarten spiegeln die ekelhaften Gerichte wie beispielsweise verschmutzte Sohlen-Steaks.

*

Um die Sache noch schlimmer zu machen, hatten wir einen Besuch in unserem Tisch von eine charmante kleine Kakerlake, die gern alles zu probieren wünscht.

*

Wir in der Regel nicht essen in einem Restaurant, die Bilder von der Nahrung auf den Brettern außerhalb angenagelt hat. Diesmal wir taten so, und oh, es war die Expedition in düstere Schrecklichkeit.

*

Das Essen war mittelmäßig, aber wenn die Ratte ankamen und über Füße laufen, war es Zeit zu gehen.

*

Alles original hier. Sogar das Papier in der Toilette ist sicherlich importiert von China ebenfalls, dies ist aber keine gute Nachricht leider, wenn du gerade den Big Deal abgeschlossen hast!

*

Die Atmosphäre war überheblich und Plastik. Lassen Sie die Finger davon!

*

Alles, was Sie hier berühren, kann klebrig sein, und die Küchennebel dämpft Sie und Ihre Kleidung, bis Sie riechen wie ein Huhn aus der Suppe.

*

Das Dekor war nicht sehr zurückhaltend für die Augen.

*

Die Preise auf der Speisekarte waren so oft gekreuzt und über-
klebt, dass es vernünftig ist anzunehmen, dass das Restaurant
und seine frische Speisen gab es schon, als die Menschen noch
mit Muschel- und Perlenkette bezahlt.

*

Lächerlich und traurig zur selben Zeit: Um uns zu einem
asiatischen Geist zu zwingen, wir wurden befohlen, auf dem
Boden zu sitzen und zu essen von einem niedrigen Tisch, der
eigentlich ein Bettgestell war. Es war im echten Sinne des
Wortes erniedrigend, und leider der Fisch war dann roh und
kalt!

*

Viele Farben existieren auf der Welt, und es ist nicht schwer,
sie kombinieren. Allerdings – hier der Beweis – es sind Ein-
richtungsspezialisten vorhanden, die nicht einmal wissen,
dass die Sonne (oben) ist gelb, und Scheiße (unten) ist braun.

*

Stichwort Gastronomie für die Hipsters: Ich entfaltete mein
Serviette, und es war darauf gedruckt ein Foto von einem
nackten Po – dies ist leider nicht verstärkend appetitlich.

*

Die Küche verfügt weder über ein Fenster und keine Belüf-
tung, so ist die Küchennebel im Gästezimmer, und du fühlst
in den Wolken zu speisen. Leider nur in den Geruchwolken
und nicht im Himmel.

*

Sie müssen eine riesige Bambuswald gehackt haben, um dieses Bambusrestaurant an dem Strand bauen. Dennoch ist mein Gefühl nicht authentisch und behaglich wie ein Dschungelbaby.

*

Es gab eine Menge von obszönen Kritzeleien auf der Toilettewand. Am besten gefallen hat: »Ich werde dich schlechtes Essen in den Mund zu schieben. Komm hier, und warte für mich an jedem Tag der Woche!«

*

Der Eintritt war wie ein Schlag in den Magen, denn es roch, als ob sie ohne Unterbrechung Kohlsuppe kochen für viele Jahrzehnte schon.

*

Die Reise auf die Toilette war ein Abenteuer – überall trübes Wasser mit schwimmende Papier und der Untergrund ungewiss. Ein Bestrafungsbad für die Schuhe.

*

Auf den gesamten Boden Tausende Schalen von Nüssen, Pistazien und Olivenkernen, hier hatte eine prächtige Herde von Knabbertieren gestoppt.

*

Wir fühlten uns zu einem sowjetischen staatlichen Kommunismus-Restaurant in der Blütezeit vor dem Eisernen Vorhang transportiert.

*

Die Magie des Ortes fällt auseinander mit der Ankunft des zerzausten Huhns.

*

Wenn Sie auf die Toilette gehen … hat man dort peinliche Mist von ein Jahr angesammelt.

*

Auf den Tischen von diese Szene-Restaurant waren fettig zerrissenen Zettel, und Sie sollten dort markieren, was Sie mit einem gebrochenen Bleistift essen wollen. Lächerlich.

*

Gesamtüberbelegung: Reichlich genügend Stühle und zu viele Tische in einem klaustrophobischen Raum, und so ist es unmöglich, richtig zu essen ohne den Platz für Armbewegungen.

*

Die Tischdecken hatten individuelle Lochmuster von Zigarettenbrandlöcher.

*

An der Decke hingen traurige Schinken und warteten, bis sie an der Reihe des Verzehrs kamen und endlich endgültig von diesem Planeten verschwinden zu dürfen.

*

Wirklich alle Tische und Stühle waren wackelnd wie die alten Zähnen. Ich vermute, sie hatten etwas davon gesägt, um zu quälen ihre Gäste mit Absicht.

*

An den Mauern sie hatten viele speckige Mützen und Schals von ihrem favorisierten lokalen Fußballteam und blasse Fotos von den good old days. Vielleicht das Essen damals war noch etwas Besseres?

*

Eine faulige Atmosphäre, die dich stickig behandelt.

*

Eigentlich super, dass es für die Kinder gab auf der Terrasse eine Spieleecke, um ihnen das Warten auf das Essen zu kürzen. Leider war dort ein Bullterrier angebunden, und niemand wusste aber, wer ihm gehört.

*

Vor allem Design von Schwachsinnigen: Die sehr unkomfortablen Stühle hatten Lehnen mit einem Winkel von circa 60 Grad, was dein Gesicht wirklich sehr nahe an den Essensteller brachte.

*

Die Patina sollte exklusiv sein für die Wände oder so, aber sicherlich nicht für das Geschirr und das Tischwerkzeug.

*

Von dem Duft aus unserem Restaurant die Straßenkatze rümpfte die Nase sogar und schleicht vorbei.

*

Der Tisch wackelte, und als wir fragten höflich, kann man etwas unterlegen, erzählte sie uns: »Ja, ja, versuchen Sie es gerne,
wenn Sie nichts anderes im Leben zu tun haben, hahaha!«

*

Die ganze Zeit lief das Radio in ohrenbetäubender Lautstärke, und so erfuhren wir mit jeden Bissen, wie viele Tote und
Verletzte es auf dem neuesten Stand gerade gab. Macht nicht
jedermann Appetit.

*

Könnte sein, man will testen, ob ich bin schon bereit für den
Weg des Buddha, weil zu meiner Misosuppe ich erhielt nur
Stäbchen: »Die Löffel sind in der Spülmaschine leider.«

*

Für den Anfang der abweisende Server machte nicht die Mühe,
den Tisch, an dem wir sitzen, voller Fett und klebrige Flüssigkeit und den noch verweilten Pommes frites zu reinigen.

*

»Wir müssen sicherstellen, dass Sie tatsächlich das mensch-
liche Format, in unserer Einrichtung zu speisen. Wie wollen
Sie beweisen, Sir?!« Bei diesem Gralshüter am Eingang zum
»Paradies« gaben wir auf und aßen böse die Hustenbonbons
aus unseren Taschen.

Im Geschmacks-
nirwana

✱

»Das Huhn scheute sich nicht,
versalzen zu sein.«

Fleisch vom wilden Schwein, dem die Zärtlichkeit fehlt, serviert in einem Meer von Rübensauce: Die Platte war vermasselt.

*

Früher war das Restaurant ein Hochsicherheitsgefängnis. Die Gefangenen waren längst verschwunden. Die Gefängnisköche aber offenbar immer noch in Hochbetrieb und voll von schlechten Lebensfreude.

*

Wir aßen Lammkeule auf Anregung der Kellner, der uns sagte, das Gericht »ist in der Regel gut«.

*

Die Garnelen waren so scharf gewürzt worden, dass ihnen die Tränen kommen, was erklärt die große Pfütze auf meinem Teller.

*

Das Einzige, was in der Lage gewesen, wie immer zu schmecken, war das Salz auf dem Tisch.

*

Sie hatten die Rollbraten, ihn zu behalten blutig, mit einigen Voodoo-Speere zusammengestochen, was ist aber immer noch besser als mit den Bondage-Ledergürteln.

*

Das Tafelwasser war so abgestanden, dass ich sofort bestellte einen Teller mit Peperoni, meine kostbare Magenschleimhaut sofort zu desinfizieren.

*

Es war sicherlich ein Fall der Rückstandsaufbereitung, denn ich habe von Hackfleisch gehört, aber noch nie von einem Fleischpüree gehört.

*

Meine Tatar vom Hirschen wurde so herb, es setzte sofort ein Wachsen von Hörner aus meinen Geheimratsecken in den Gang.

*

Mein Mann hatte so schwer kauen sein Filet Mignon, seine strapazierte Backenmuskulatur ließ ihn aussehen wie ein großen Hamster mit Jackett und Krawatte.

*

Wir hatten ein schreckliches Gefühl, denn der Fleischeintopf riecht wie das Tierfutter, und auch unser Hund schien bemerkt zu haben, denn sein Schwanz wedelte wie ein irre Propeller. Wir ließen es.

*

Das Essen ist in Ordnung, aber bläst es Ihnen nicht die Socken auf.

*

Ich bestellte die Bandnudeln mit Hähnchen, die mit ungewöhnlichen Geruch kamen. Das Huhn musste den schrecklichen Zwiebeltod gefunden.

*

Vorteil: Es geht sehr schnell. Nachteil: Es schmeckt sehr schlecht.

*

Linsen sind zweifellos ein großes Gemüse, und natürlich gibt es eine Menge zu sagen, aber bleiben wir kurz: Hier bestellen Sie es besser nicht!

*

Die Ente war zu viel für mich, also fragte ich zu packen meine Reste, was sie auch taten freundlich. Zu Hause bemerkte ich, sie hatten auch alle Knochen, andere Abfälle von meinem Teller und sogar meine verwendete Serviette mit ihnen verpackt.

*

Die frisch mit Tintenstrahl gedruckten Rechnung auf edlem Papierstoff riss ich aus seiner Hand und aß ich vor den Kuh-augen-Kellner. War dies gehaltvoller als die ganze 5-Gang-Menü.

*

Das Motto dieses rustikale Küche ist radikal: »Alles, was du töten kannst, kannst du auch aufessen.«

*

Das Huhn auf meinem Teller war nach seinen schwachen Bizeps sicherlich eine kranke Arbeiter auf den Legebatterien.

*

Ich liebe die Schärfe von Meerrettich, aber »Gefüllte Socke mit Meerrettichsauce« habe ich trotzdem nicht zu bestellen gewagt. Heute wünsche ich, ich hätte gefragt, was sie damit meinte.

*

Die empfohlene Gericht des Hauses war Salzkröte, aber wir haben gewählt, es besser nicht zu bestellen.

*

Astronautenfutter wäre noch lieber als diese Bauernschmaus.

*

Toast sehr knackig und von der schwarzen Seite.

*

Die Artischockensuppe war das Schlimmste auf der Welt. Es schmeckte, als hätte der Zubereiter mit einem Sack von Salz in der Hand in ein epileptischen Anfall gefallen. Ich war krank für ganze zwei Tage von meinem völlig versalzen Körper.

*

Es gab auch eine kleine Gruppe von jungem Gemüse am linken oben Rand von mein Teller, die sich in die Nacht verabschieden zu wollen, bevor sie von mir gebissen.

*

Wenn Sie einer von den verfetteten Fortschrittsjünger, die meinen, moderne Küche braucht den neuesten Chemiebaukasten, um die Abendessen vorzubereiten, werden Sie sich hier wie zu Hause fühlen. Ich aber fühle mich jetzt krank mit einen blaue Säure metallischen Geschmack im Mund.

*

Sicher waren die Geschmacksknospen an diesem Tag noch nicht zusammen mit ihrem Koch aufgewacht.

*

Der Scampischwanz war hart und geschmacklos, die Hühnerleber fett und frech.

*

Ich mag Krabbe. Ich mag Crème brûlée. Beide gemischt, ist aber zu gewagt: Für die »Krabbe Crème brûlée« verzichten Sie besser. Tun Sie nicht auf Hardcore-Feineschmecker!

*

Meine Frau fragte, was Gewürze der Koch für die Curry verwendet, und sie haben uns gesagt: »Es ist die normale Mischung von Tesco, der Supermarkt Nummer 1.«

*

Ich muss eine lange Zeit zurückblicken, seit ich hatte so eine unattraktive Ei in einem Abendessen.

*

Es war Mannskost von dem Förderband – mehr mit Maschinen- als mit Olivenöl, wenn du es so genau wissen willst.

*

Der Salat sah so müde aus, dass ich bevorzugte die Blumen aus der Vase als Rohkost.

*

Die verkohlte Garniturbanane auf dem Fisch verleiht mein Mann ein ungutes Gefühl.

*

Ich hätte gerne eine Kombination von Ravioli gefüllt mit Krakensauger – wie schon so oft es war wieder mal nicht möglich, auch nicht in dieser modernen Küche Restaurant.

*

»Teller des Tages: Verrücktes scharfes Huhn« – ich habe an meine Freundin zu denken, und so ist es bestellt. Fazit: Freundin ist viel schärfer, oh ja, ich will nach Hause gehen!

*

Nicht schön: Die Kalamare hatten alle ein Loch in ihrem Hut – vielleicht hatte ein Taucher sie erschossen mit einer Harpune?

*

Der Wein schmeckte so gut, dass ich trank viel es schnell, und die Qualität der verdorben Lebensmittel erst nachts in meinem Bauch gefunden.

*

Obwohl dumme Kritiker behaupten, dass ich in der Regel oft negativ, im Prinzip muss ich betonen, dass ich bin offen für die ganze Welt. Auch für gebratene Eidechse auf einem Stock …

*

Okay, die Live-Musik war wirklich das Besten des alten Blues-Rock, aber das Steak im Rock-Café ist schwierig – außenwendig verbrannt, innen eine Mischung aus den ersten drei Plätzen der Minus-Top-Ten: Blut, Fett und Knorpels.

*

Es wird berichtet, dass es zu viele Hühner früher und deshalb die Menschen begannen zu essen sie und ihre Eier. Und nun aßen wir in einem Restaurant für die Insekten, und ich muss sagen, dass ich nicht noch einmal diese Art der Überbevölkerung des Planeten kümmern will.

*

Der Koch dieser Einrichtung war lange bei der US-Armee und hatte dort offenbar Foltermethoden verwendet, die er jetzt in Küchenpraxis umsetzt.

*

Ich wollte einfach nur einen Snack, aber er gab mir eine ganze gebratene Katze. Vielleicht war es ein Kaninchen, keine Ahnung, aber es war wirklich zu viel und nicht schmackhaft.

*

Die Ökofreaks aus dem eigenen Garten Blüten, Körner und Nüsse in den Salat geworfen – als Dressing ich empfehle ihnen in Zukunft dazu die Mischung Regenwasser mit Erde und pürierten Regenwürmern mit Schnecken!

*

Es war ein revolutionäre modernes Konzept von dem Küchenchef: »Wenn ich sehr, sehr wenig würze das Essen, werden die Gäste traurig und fange an, fürchterlich zu weinen, und dann salzen ihr Essen mit ihren eigenen Tränen – delikat!«

*

Zum Kaffee gab es als Geschenknachspeise eine Scheibe Marzipan in der Farbe Rosa wie ein frisch geborene Ferkel.

*

Wir wurden eine Entenbrust serviert, die total isoliert auf dem Teller saß, nackt, nicht durch eine grüne Gemüse geschweige denn irgendeine Form von Potatoes bedeckt. Sehr scham- und geschmacklos.

*

Es gibt vieles, das man im Leben besser nicht erfährt, also meine Frau berät den Koch, die Meerschweinchen zu hacken unkenntlich, damit unsere Kinder nicht beim Essen durchdrehen.

*

Ich hatte den Eindruck, sie mischen extra einige Sexualhormone unter die Speisen, um die Menschen zu manipulieren. Ich verurteile diese Hormonküchenpraxis scharf!

*

Die Safransuppe war langweilig und hinterließ nicht mehr als eine gelbliche Leere.

*

Die Brasse war so von der Oberfläche gegrillt, dass er noch zappelte und zucken auf dem Teller, und ein Bächlein von Salzwasser floss aus seinem Maul.

*

Ich weiß nicht mehr, was ich bestellt und gegessen habe. Ich erinnern nur eins: Salz.

*

Die Paarung von Feigen, Ziegenkäse, Austernpilz und Prosciutto auf meine Teller war nicht nur verwirrend. Es war gemein.

*

Der Fisch war nicht geschuppt worden vor dem Kochen, deshalb war mein Teller voll von funkelnden kleinen Halbmonden. Eine schöne Dekoration, die leider nicht gut schmecken.

*

Die Frikadelle war ziemlich »dicht« und erstarrt und ließ mich fragen, was die Definition des Fleischanteil sein könnte.

*

Ich war beeindruckt von meinem Zimt-Kurkuma-Bagel, geröstet mit Parmesankäse: schmeckte wie Dreck.

*

Für ein Hochzeitsmenü ich erwarte nicht hart gekochte Eier in Senfsauce als Entrée – oder soll es eine Metapher sein?

*

Das Risotto erstarb an der eigenen Trockenheit.

*

Sie können flauschige Schweinefleischbrötchen, Knödel, sesamklebrige Reisbällchen mit Bohnen und Eierkuchen bekommen. Aber Frage: Glauben Sie, wird es Sie danach noch gut gehen? Sie kennen Antwort!

*

Die Suppenbasis ist nicht dick, und es fehlt ein Schlag von Geschmack. Die Eier sind weich, sehr schlank und klein.

*

Sehr schöne Wandmalereien von kräftige Menschen nackt bei der Arbeit. Sie können diese viel schauen und werden so nie gezwungen, Ihre Mahlzeit viel Konzentration zu geben. Was gut ist.

*

Das Huhn scheute sich nicht, versalzen zu sein.

*

Pilzomelette erinnert an gelben Frisbeescheibe, zu Tisch apportiert von Hund von Kellner.

*

Die gebratene Forelle hatte leider eine weit geöffneten Mund, was dafür bekannt ist ein Zeichen für die quälenden erstickten Fisch. Dies sollte nicht in einem Restaurant serviert werden!

*

Ich wette, es war ein sehr schöne Brüllen in der Scheune, als sie die Schweine Ohren abgeschnitten für unsere Spezialität frittierte Ohren, aber die Schweine es war schnell egal, weil sie hörten nichts mehr.

*

Es gab das Risotto mit allerlei Zutaten wählen, aber auch wenn sie Gold einzumischen: Reis ist Reis, ein Essen für arme Teufel in Asien. Als Nächstes erfinden sie wahrscheinlich die Mixgerichte mit Hirse …

*

Schnitt ich in das Schnitzel, und es zerbrach in Bruchstücke klein.

*

Trinken Sie vor und beim Essen wenigstens fünf Bier, wenn Sie nicht bemerken wollen das Fehlen von Fleisch auf diesen Grill-Platte »Zorbas ohne«.

*

Ich kann nicht sagen, ob der kleine Hase war ein Kaninchen oder eine Katze oder einen kleinen Hund, alles hat die gleiche Größe, und wenn sie es bringen ohne Kopf und Schwanz, bist du ahnungslos.

*

Das Tscherkessenhuhn war zu scharf von der Würze und stramm im Schritt.

*

Diese armen Muscheln hatten leider ein schlechtes Leben, denn wie wir selbst feststellen, sie hatten nichts gefressen außer Sand.

*

Die Würstchen schmecken wie eine Mischung aus Magerquark mit Sägemehl – aber dann der Grund war einfach: Tofu, teuer Mist für den Vegetarier.

*

Trockene Bohnen und Kräuter im Lehmofen verwandelt zu einer kaum essbaren Töpferei.

*

Ein kleines schwarzes Fleischbrocken ging in ein Welle von der Kräuterbutter unter: kein Schiff-, sondern Fleischbruch.

*

Essen war von der Mikrowelle geboren und verursachte selt-same Geräusche in uns.

*

Karottensaft war Salzbombe. Ich nahm meine Tagesdosis Natrium in zwei Schlucken.

*

Bisschen ist hier wie in der Schulkantine. Und die frittierte Gemüse mit Geschmack von Tafelkreide.

*

Zwei Stück Penne schwammen wie ein Siam-Zwilling in eine Liter Sauce, wo ich sie mit der Lupe suchte.

*

Sie kamen zu uns mit einer Überraschungglocke über der Platte. Aber dann gab es nur eine mikroskopische Vogelbrust mit ein wenig pflanzliches Verzierung.

*

Ich aß etwas, das wie Ofenkartoffel aussah, die zu Fuß über den Brenner gelaufen.

*

Hackbraten war ohne Würze und mit müden Performance in der Mitte des Tellers.

*

Linsensuppe war mehr Rübensuppe, Tomatensuppe war Pansensuppe. Gleichzeitig alle Suppe sehr ölig. Schlechte Suppenküche!

*

Wenn Sie einen Grillplatte putzen wollen, können Sie hier mit geschlossenen Augen. Für Geschmack kann ich das nicht sagen. Lassen Sie Geschmacksknospe auch geschlossen besser.

*

Schönheit der Bedienung übertraf deutlich die von Nudelsalat.

*

Huhnkonzept in Kohlenfeuer überzeugte uns gar nicht.

*

In meinem Teller leuchtete alles rot, weil sie eine nicht essbare Chili-Massaker gemacht und verfärbt alle Zutaten so.

*

Es kam in Gesellschaft mit zerkleinerten Erbsen ein Brot an unseren Tisch.

*

Das Steak war nicht sehr saftig, sicherlich die Kuh hat bemerkt, wie sie erstochen wurde.

*

Der Pfeffer war nur Sand!

*

Gab es eine geschmacklose Suppe, die ohne Inhalt war, nur
gelb gefärbtes Wasser, aber heiß. Vielleicht haben sie kosten
£ 10, weil die Hitze ist sehr teuer in einem kalten Land wie
England.

*

Wiederherstellung des Essens ist würdig einer Gefängnis-
kantine, zum Beispiel Fischpüree am nächsten Abend, wenn
vorher Fisch.

*

Die Nudeln wurden verabschiedet als ein Reifen und blieb in
den Topf.

*

Es waren die Hoden eines Hammel, und es war eine beschissene Idee, sie grillen. Haben Sie schon einmal ein hart gekochtes
Ei gegrillt? Ich auch nicht.

*

Ich bin kein Feigling, aber ein kalter Blutsuppe ist nicht, was
ich schon lange gewartet hatte.

*

Er zauberte eine Pizza nach Art des Hauses, auf dem er das ge-
samte organische Küchenabfälle vom Tag gelegt hatte.

*

Genießen Sie einfach alles total zerkocht.

*

Die Froschschenkel sind sie so groß und verdächtig dick, müssen von einem außerirdische Riesenfrösche sein, aber niemals von einem einheimischen Froschherde aus dem Burgund.

*

Als die Zeit für die Vorspeisen kam, wurden wir einer Menge Wachteln vorgestellt.

*

Ich denke, dass sie hier die Besten von der Katze und dem Hund servieren.

*

Sie machten große Theater mit der Essenskostüm, die Speisen war gut geschnitzt, leider nicht gut gekocht.

*

Die Ente meiner Freundin kam völlig zerrüttet, wie man sie zu oft dafür verwendet hätte. Brutal.

*

Die Fische waren mitgenommen worden und sehr feucht.

*

Auf der Speisekarte dieses sogenannten koscheres Restaurant gab es Würstchen aus Schweinefleisch – lächerlich und dumm, aber sie schmeckte vorzüglich!

*

Was das Essen betrifft, es gab nur die ungereinigten Muscheln mit Bärten.

*

Die Forelle war nicht wiederzuerkennen, außen Haut und Schrammen, innenseitig nur Dornen und schmeckte nach einer Muffe.

*

Die zweifelnde Flasche Bordeaux kam mit einem Kronenkorken, am nächsten Tag traf ich sie wieder im Supermarché für 1,99 Euro und nicht für die 15 Euro.

*

Er kam mit einem Piepen Koffer auf den Tisch, und als er sie öffnete, gab es viele kleine Stubenküken für mich zu wählen. Ich bin nicht eine Katze, aber ich entschied mich dann drei von ihnen für den Verzehr.

*

Ich bestellte ein Weißwein, aber es sah aus wie Sherry. Es war dann Essig.

*

Zehn Tage lang gab es immer wieder Wurstel, Fischstäbchen (unter der Marke natürlich), Gemüse nach freiem Willen, Pfirsiche und Pflaumen.

*

Es ist erstaunlich immerhin, was die Leute alle essen! Mais war immer nur zur Schweinefütterung und Foie gras – plötzlich kommt ein Kretin und ändern alles, und die Menschen folgen seine Kommando und fressen Mais. Wirklich verwandt mit den Schweinen!

*

Das Bier, ich bitte um Verzeihung, es war warm und beliebte zu scherzen, denn es war bitterer Tee mit wenig Blasen. England …

*

Reis ist eine sehr gute Beilage – wenn er bleibt in sein Sack.

*

Der Salat mit den Verzierungen von Hühnerformfleisch schmeckt lethargisch.

*

Es war eine spezielle Suppe namens Stone Soup, erfunden durch ein Mönch. Nach der Legende mit Wasser und Stein, hier mit Bohnen und Schlachtnebenerzeugnisse von Schweinen.

*

Dieses Auberginenmus war Zeitbombe. Explodierte seine vergiftete Wirkung drei Stunden später in der Nacht in meinem Dünndarm.

*

Am Abend es sollte geben ein ganzes Spanferkel am Spieß, aber es war eher deutlich eine mittelgroße Fisch, also fragte ich den Grillchef. Das Spanferkel gestorben angeblich, so er hatte frische Lachs (vom Mittelmeer?) …

*

Viele kalte Vorspeisen. Schön anzusehen, aber so kalt, dass schon wie tot.

*

Sie geben hier Pommes frites, die so hart wie ungekochte Nudeln. Ich habe so noch nie erlebt, und ich schwöre Ihnen: Ich habe überall in der Welt Pommes frites gegessen. Ich kenne sie alle Spielarten!

*

Pizza mit Kartoffeln? Warum nicht als Beilage mit Nudeln und Reis?

*

»Ist Adana Kebab – ein echter Grill-Spezialität des Hauses, aber Sie erwarten große Scharfe. Stark sein, wenn Sie essen!« Ich beschlossen, sehr schnell schwach zu werden, als ich sah das gegrillte Fett-Knorpel-Mischung aufgespießt vor mir sitzen.

*

Diese Wachtel vermutlich schon als junger Vogel war verdorben.

*

Lasagne fast bösartig: Oberfläche in essbarer Temperatur, innen aber wie der Hölle heiß, so ich alles verbrannte Mundhöhle. Sie hätten warnen müssen.

*

Bekam ich einen Hot Dog, das, wenn es geöffnet wurde, sah es erschreckend wie Texas-Kettensägen-Massaker.

*

Das Gemüse (Karotten und Bohnen) war ohne Fähigkeit, seinen echten Geschmack zu erklären.

*

Der Koch wurde unter einem Bratzwang leiden, er hat alles, was nur essbar ist, gebraten. Er kam vermutlich aus einem kalten Land und war als Kind zu viel eingefroren.

*

Ich wollte schon immer den »Steak vom heißen Lavastein« versuchen. Nun nicht mehr.

*

Überraschung des Hauses: gewürfelter Tintenfisch in einem Pool von Knoblauch.

*

Sie boten einen Schokoladenkuchen auf der Art der Großmutter. Aber die Großmutter hatte eine lange Zeit gestorben, und wahrscheinlich niemand wusste, wie das fucking Rezept war.

*

Zuerst fühlte ich seltsam, wenn ich lese »Singvogel«, aber dann die Winzige schmeckte ausgezeichnet, und ich bestellte ein Dutzend. Aber im Grunde natürlich müssen sie diese Vogelfangpraxis zu verbieten!

*

Der Fisch hatte eine Schwäche für den Gestank.

*

Er behauptete uns, war diese saftigen Steak von einer alte Sau aus dem Hause Windsor oder so.

*

Warum sie nicht entfernen die Stacheln, Beinhaare und Fühler in den Heuschrecken, denn diese fördern Sie unangenehme Kratzer in der Zunge und den Gaumen.

*

Statt Peperoni wir haben eine schlechte Qualität Wurst, die roh war und schmeckte schrecklich. Wurst und Peperoni – wie kann es bloß verwechselt werden?

*

Alles war irgendwie von matschiger Herkunft.

*

Aufgetaute Eier und trockene Schinken mit einem leichten Anflug von Kunststoff liegen auf dem Bett von Salat mit Dressing von Langeweile.

*

Es war schade, dass sie für den Deal des Tages nicht Tafel, Karte oder dergleichen hatte. Alles von dem Bediener gesagt wurde, in der schrecklichen laute Brandung verloren. Ich also endlich nach Verdacht bestellt habe. Dann ich bekomme zuerst mal ein paar Garnelen kalt und dann eine Bombe von Eis. Blöde Menü …

*

Der fertige Hering kam mit einer Sauce aus Fett gesegelt.

*

Der Koch war wohl ein paar Tage Urlaub gemacht haben, denn das Fleisch war so viel gekocht, dass es bei der Ansicht vom Knochen fiel.

*

Wichtig: Es ist absolut nicht notwendig, alles zu essen, und seltene Tiere und Pflanzen verschont werden sollte. Deshalb versuche ich sie immer nur einmal, wie ich sollten wir es alle tun!

*

Eigentlich diese Schnecken wären nur uninteressant wie Gummiwürmer, wenn man würde keine Kräuterbutter in ihr Haus hineingepresst.

*

Gebrannte Knoblauch schmeckt gar nicht, aber hier bekommt man genug davon für die kopfreiche Großfamilie zusammen mit der Arrabiata-Soße.

*

Der Verdacht: Es ist zu teuer für Chinesen, ihre verstorbenen Verwandten zu China exportieren, und ihr Glaube ihnen nicht ermöglicht, an anderer Stelle zu begraben, also sie hacken sie und machen Suppe oder auch mit Chinareis.

*

Der Salat ist ungepflegt und ungewaschen, wie der alte Servicekraft.

*

Das war wirklich eine Schande, wie ein Würfel von Fleisch hielt mich kauen, bis mein Kiefer schrie um Gnade.

*

Ich bestelle Tomatensuppe. Dann war es aber eine sehr starke Knoblauchsuppe, nur mit roten Farbstoff. Ich werde besser bleiben zu Hause eine Woche jetzt und mich lüften.

*

Ich beschwerte, das Huhn war leider von schlaffem Eindruck, aber die Bedienung fragt, wie würde ich aussehen nach zwei Stunden in den heißen Ofen?

*

Wir dachten, lustig, bestellten für unsere verspäteten Kollegen geräucherter Schafskopf, aber wenn er lag auf seine Teller, niemand lachte.

*

Unsere Nasen riefen sofort »Alarm!«.

*

Die Frikadellen waren wie Schwamm, und die Soße war dick und klebrig. So ein Gericht sollte besser in einen Mixer geschoben werden und dienen als Babynahrung.

*

Sie sagen, es wäre Trüffel, aber es war nur eine unreife Kartoffeln mit gestörtem Innenmuster und schmeckt nach kaputter Kohlrabi.

*

Das Dessert war »Hot Pineapple« genannt und bestand aus einem Ring von Ananas aus der Dose, mit Chilipulver getauft.

*

Leider gibt es keine Balance der Verrücktheit in Ihrem Mund.

*

Der Hummer brauchte ewig, bis er auf den Tisch kam. Er leider war aber vorher nicht in der Küche gegangen.

*

Schalldichte Pfannkuchen für Kinder, vom äußersten Eindruck normal, innen eiskalt und nasstropfend aber.

*

Es roch nicht unangenehm, also ich hatte Hoffnung, aber meine Erwartungen wurden mit dem ersten Bissen zerschlagen.

*

Der Hauptgang war ein altes Kalb, von Soße erstickt.

*

Unsere Gerichte kamen doch sehr langsam angekrochen und wirkten also unappetitlich.

*

Der winzigen Dorade meines Freundes wurde ein Garnelen-schwanz noch ins Maul gestopft – so ist der Humor von die-sem Koch.

*

Ich hatte Kapitäns-Huhn, aber es war nur ein fette Spatz. Als ich sagte, die Portion war zu mager, war ich ein Stück leckeres Brot angeboten.

*

Das Nudelgericht wurde ohne Geschmack verkocht und nur auf der Platte aufgeschlitzt.

*

Ich bekam Haare in der Nahrung, also verlor ich meinen Ap-petit und ging nach Hause.

*

»Dieser Fisch wurde von der Sohn von unserem Koch erwischt worden!« Toll, ich konnte es kaum erkennen, so klein es war. Lieber noch ein Fisch hätte der Sohn des Kochs erwischt!

*

Sie füllten eine Suppenschüssel mit einigem Salat, übergossen etwas schmutziges Spülwasser, und dann fiel ein Stück kaltes Huhn und ein hartes Ei darauf.

*

Die Pizzeria und das andere Essen war so italienisch, wie ich die blauen Schlitzaugen habe.

*

Ich fand es immer verdächtig, auf der Speisekarte zu lesen: »Frischer Fisch«. Was sonst? Willst du mich verarschen?

*

Die Portionen waren zu klein (nur 4-5 Schweinefüßen pro Person).

*

Was ist das nur für ein Volk, diese Veganer! Sie haben wirklich schlechten Charakter und sind so unerträglich unverschämt von einem zum anderen, mit Kartoffelpüree und Karotten-puffer mit Kohlrabi-Selleriesoße für 28 €? Die Zutaten kosten 1 Euro.

*

Die Hähnchenflügel sahen aus und schmeckten, wie sie seit Jahren nicht mehr geflattert wurden. Vollkommen geleiert.

*

Antike Zutaten mit alten Gewürze ohne Salz in der Schmutz-pfanne, die fettig ist = die Art des (traurigen) Hauses.

*

Auch wenn es leider etwas so aussieht: Das Essen ist gar nicht behindert im Geschmack.

*

Es gab eine Portion gebratenen verkrüppelten Aal.

*

Das Management gab zu: »Von Zeit zu Zeit müssen wir möglicherweise einige Mahlzeiten beschönigen.«

*

Die Leber hatte Eigenschaften, dass wir vereinbarten, besser sie nicht zu berühren.

*

Die Kartoffeln waren völlig uninteressant, um nicht zu sprechen von der Sauce. Sie war schrecklich dick, und man konnte sie nicht einmal vom Löffel abschütteln.

*

Der arme Hase wurde verhungert anstatt ordnungsgemäß getötet, er war dünn deshalb und so trocken, dass es zerbröckelt wie Sägemehl im Mund.

*

Das Essen, sie konnten es kaum nennen eine Pizza, es war mehr aufgeblasener Teig wie eine gebackene Taube.

*

Leider war es nur ein großes Theater mit wenig Überraschung des Geschmacks, und die verbleibende Frage ist danach: Diese molekularen Köche, müssen sie tatsächlich alles so furchtbar kompliziert in ihrem Leben machen? Wie bumsen und wie schlafen sie, wie waschen sie sich, wie kleiden sie sich?

*

Ich hatte das Kotelett von Lammfleisch, das ein Stück Knochen mit einem Hungerlohn von Fleisch war.

*

Es war schade, aber der Zaubertrank funktionierte nicht mit mir – alles war wie immer.

*

Die vegetarische Gemüseplatte kam mit großzügigen Spenden von Speck darauf. Kommentar: »Speck ist nicht Fleisch, aber Gewürz.«

*

Am Buffet gab es eine Menge von verschiedenen Gerichten zur Auswahl, aber sie waren von der Zubereitung und Geschmack immer nur die zweite Wahl. Also erfreulich nur für den zwanglosen Vielfraß.

*

Das Huhn schien gekocht haben und dann gegrillt, es war so trocken wie meine toten Großeltern.

*

Meine Frau hatte eine Platte, die allesamt von Konserven befeuert war.

*

Die gebratene Taube überraschte uns wirklich mit ihrem hohen Preisgeld.

*

Nur fünf nummerierte Frühlingszwiebeln, also die Hähn-
chenschenkel waren so schrecklich einsam auf ihrem Teller.

*

In dem Salzstreuer gab es eine konservierte Wanze zu beachten.

*

Meine Frau hatte verölte Calamari für den Anlasser.

*

Das Essen war ein gemischtes Vergnügen, Gemüse waren
braun und Fleisch verrottet.

*

Ich hatte eine Paella, die so reich an Öl und Gewürz, es hat
mich fast kotzen gemacht.

*

Ob der Hummer in seinem Topf lange zum leiden hatte? Es
war jedenfalls kräftig ramponiert und sehr müde, wie man
sofort sieht.

*

Es gibt diese Ärzte, Heilpraktiker und Philosophen von dem
Essen, die immer Sie tolle Tipps, was ist gut für das Herz, und
das ist toll für Ihre Gesundheit zu essen. Alle diese würde hier
sitzen ohne Worte vor dem schrecklichen Eintopf aus dem
stinkenden Schlachtabfall und überlegen: »Für was ist es gut?«

*

Auf der oberen Abschussliste ist das Angebot von Krabben-chips, denn nur acht Krabbenchips kommen auf dem Prä-sentierteller für 4 Euro, nach Ihren Essen dort das Budget ist ernsthaft verbeult.

*

Um das Ganze abzurunden, wurden wir von einer Plastik-wasserflasche abgefüllt.

*

Er brachte uns den übel riechenden Lachs von gelber Fleisch-farbe, und als wir fragen, warum es ist gelb, er sagt, das würde kommen von den kleinen gelben Fischen, die der Lachs, ein Raubfisch, zuvor hatte gefressen.

*

Die Speise war mindestens so alt und aufregend wie die Mut-ter von meiner Frau.

*

Er kochte die Speisereste von den guten alten Tagen, aber das tote Lebensmittel ist wirklich unglücklich und sollte nicht Verwendung finden.

*

Etwas Unbekanntes war in unseren Salat gebröckelt.

*

Die Spiegeleier waren so klein, sie waren in keinem Fall von echten Hühnern. Vielleicht von der Art Zwerghenne, oder war sie gekreuzt von falschem Vogelhahn?

*

Die Griechen und die Türken waren nie die besten Freunde, aber es ist lustig, weil beide haben nichts zu tun, aber schneiden von ihren Tieren große Lappen und sie auf riesige Spieße. Rasieren und nennen es Gyros oder Kebab, aber beides ist leider Müll.

*

Ich frage mich, ob jemand schon Nummer 97 bestellt, weil die Beschreibung ist: »Verrückte & krank superhot Chili-Suppe – Ihr Bandwurm wird zuverlässig abgetötet werden.«

*

Der Wein schmeckte fürchterlich. Normalerweise Wein bekanntlich aus Traube hergestellt wird, so ist es schon Jahrhunderte, aber hier sie sagen, es wäre von Apfel? Äpfeln sind viel größer als die Trauben, wie kann man es nur verwechseln?

*

Auf meinem Teller bekam ich einen großen Berg Zerkleinertes von Gemüse: Vermutlich der Chef dachte, wenn er schneidet alle sehr klein, es sieht aus wie die Kunst von sorgfältige Zubereitung.

*

Die Lasagne war eine vorgekocht Tasche Kartoffelsalat mit der geschmacklosen Tomatensoße.

*

Zum Kochen von Speisen sie haben eine Mikrowelle für das harte Essen, einen Wasserkocher für die Suppen und den Toaster für das Brot. Das ist alles, Leute!

*

»Wenn Sie das Tier ehren, sollten Sie alles verwenden, zum Beispiel nicht nur das Brustfilet vom Hähnchen.« Was für ein Wichtigtuer, er sollte besser nicht seine Fresse verwenden, sondern einfach schnell kochen!

*

Der Schock kam durch die Rechnung, denn eine Ladung Fischbrut kostet 57,50 €.

*

Als Dessert-Variation brachte man uns einen Korb: eine Banane, ein Apfel, eine Orange. Eher spartanisch und keine erhöhte Empfehlung für den Nachspeisenkoch.

*

Die besondere Sensation des Restaurants war angepriesen »Das Menü mit über 1000 Mahlzeiten«, aber es war ein schlechter Witz, denn es gab zum Beispiel diese:

1. Natursteak mit Salz und Pfeffer,
   mit Kartoffeln, mit Bohnen

2. Natursteak mit Salz, ohne Pfeffer,
   mit Kartoffeln, mit Bohnen

3. Natursteak ohne Salz, ohne Pfeffer,
   mit Kartoffeln, mit Bohnen

4. Natursteak mit Salz und Pfeffer,
   ohne Kartoffeln, mit Bohnen

5. Natursteak mit Salz, ohne Pfeffer,
   ohne Kartoffeln, mit Bohnen

6. Natursteak ohne Salz, ohne Pfeffer,
   ohne Kartoffeln, ohne Bohnen

7. Natursteak mit Salz und Pfeffer,
   mit Kartoffeln, ohne Bohnen

8. Natursteak mit Salz, ohne Pfeffer,
   mit Kartoffeln, ohne Bohnen

9. Natursteak ohne Salz, ohne Pfeffer,
   mit Kartoffeln, ohne Bohnen.

Warum geben sie nicht an, ob die Kartoffeln oder die Bohnen
sind mit oder ohne Pfeffer oder mit oder ohne Salz?

*

Okay, natürlich kann es sich bei diesem Preis nur um Fabrik-
huhn handeln, und es schmeckte auch wie nichts, aber hey,
ich bin auch nur ein Fabrikmann mit einem Fabriklohn, also
komme ich zu diesen hoffnungslosen Imbiss, wer will mich
verurteilen?

*

Bei der Passage an der Küche sah ich ein große rotgrüne Stück
Fleisch auf einer Arbeitsplatte. Es ist vielleicht gut für die Erklärung der Komplementärfarben, aber ich fürchte, sie wollen
es zum Kochen bringen.

*

Die Schildkrötensuppe schmeckte abgestanden, man sollte nur Jungtiere verwendet werden, also dies muss doch ein
Koch wirklich wissen …

*

Die vegetarischen Gerichte gibt es mit oder ohne Wurst.

*

Immer wieder Blumenkohl. Blumenkohl in allen Variationen.
Ich kann die Vorliebe für die weißen, bauchige unterirdischen
Pilze nicht verstehen. Ich habe noch nie ein Restaurant be-
treten, das beabsichtigt, ein Alleinstellungsmerkmal mit
Blumenkohl zu erwerben. Dies wird auch schiefgehen. Wahr-
scheinlich in den Blumenkohlhose.

Nicht bestellte Extras

*

»Flamme von brennender Schnaps flambiert mein Nase.«

Wir wollten etwas Neues ausprobieren, und somit ging zu diesem koreanischen Restaurant, wo sind nur die Koreaner. Das Essen war so scharf, dass die Schwitze dauernd herunterlief und sammelte eine Schweißsuppe in meine Schuhe.

*

»Bevor Sie unsere Huhn essen, werden wir es Ihnen auf den Tisch bringen lebendig, so kann man ›Auf Wiedersehen‹ sagen die gefiederten Freund. Wir nennen es ›bewussten Tierkonsum‹ und hoffen, Sie sind einverstanden.« Alternativ konnten wir Gemüselasagne bekommen. Wir tranken zu Ende und gingen.

*

Nach zwei Stunden Warten erscheint am Horizont ein Puddingmenü.

*

Einer von uns hatte eine Allergie gegen Schalentiere, was ich in der Reservierung angab. Und doch sie schickten uns ein 1,75 Meter hohen Krustentier mit schwarzer Fliege, für aufzuschreiben unseren Auftrag. Sehr unaufmerksam fand ich das.

*

Ich war voller Erwartung auf eine Dosis von Durchfall später.

*

Er gab mir die Zitronensauce auf meine Kleidung und entschuldigte sich schwach: »Es tut mir wirklich leid für Sie, aber
auch für das leckere Sauce von unserem Küchenchef.«

*

Gäste werden sich nicht langweilen beim Essen, weil der Besitzer hatte eine XXL Wespennest in einem Baum im Garten.

*

Erst fanden wir den brennen Marshmallow auf dem Nachtisch
interessant. Als er aber immer mehr flammte und qualmte
und schwarz über das Vanilleeis lief, fanden wir das immer
mehr schlecht.

*

Im Longdrink sie eine kleine dekorativen Sonnenschirm in
der Frucht gebohrt hatte. Ich entdecke eine kleine Inschrift
darauf in Bleistift, sicherlich durch den Betreiber: Prost, du
verdammter Wichser.

*

»Der Salat ist von meiner eigenen Garten!« Es war rührend, wie
begeistert die blinde Omi war, ohne zu sehen die kostenlose
Spuren von Schneckenschleim und Läuse.

*

Die Fischsuppe wurde in eine sehr heiße Schüssel serviert. Wir konnten uns ihr erst nach einer halben Stunde nähern, ohne die Furcht vor Haut- und Augenschäden.

*

Ich mag es sehr, dass meine Frau sehbehindert ist: So kann ich ihr die Speisekarte vorlesen und sie fragen, was sie essen will und wie und warum – und ihre Hilflosigkeit törnt mich dann immer.

*

»Da braut sich was, Leute! Eine unglaubliche Sturm und 50 cm Schnee sicher.« Der Kellner wurde von der Meteorologie fasziniert. Wenn er ein Gericht auf der Karte, vielleicht würde es »Windiges Wetterfroschschenkel« genannt oder so.

*

Ich hatte mich darauf gefreut auf diesen Bison-Steak. Als ich in sie geschnitten, fühlte ich um mich den Geist des Herrn William Frederic Cody. Sie kennen ihn besser als Buffalo Bill. Ehrlich gesagt, würde ich lieber ohne diese untoten Büffeljäger am Tisch mein Steak gegessen.

*

Der Diener redete Unsinn ohne Brüche in einem schnellen Tempo, ohne Luft zu holen. Ein klarer Fall: Wir hatten mit Vertreter der Gattung »Poren-Atmer« zu tun.

*

Das Shrimp-Risotto ließ mich mit Scham denken an den kleinen kalte Krabbe zusammengerollt schlafen in meinem Unterhose.

*

Wir bestellten eine große Rinderherz für zwei Personen. Bald nach der Fütterung unser beiden Blutdruck erhöhte – was war nicht erwünscht.

*

Es kamen drei Staubgestalten aus der Küche. Gedanke Nr. 1: altägyptische Mumien-Prozession. Später die Erklärung: Mixer und Mehlfass mit zu wenig Abstand.

*

Salat hatte braune und schwarz gefranste Stellen. Ich überlegte, die Blätter zu Ende trocknen auf dem Heizkörper und später diese zu schmackerhaften Zigaretten rollen.

*

Breite Ameisen-Karawana von der Küche zur Toilette – auch gab es Fliegen und Bienen nach Belieben.

*

»Chef« ist Landwirt und die vermeintliche »Attraktion«, wenn er jeden Tag 8 pm mit Traktor in ein dunkelblauen Dieselwolke vorfährt. Er schlendert dann breite Beine durch den Gastraum und Handschlag für jeden. Seinen Auftritt dauert ca. eine Stunde. Den Dieselgestank kriegst du den ganzen Abend aus keiner Nase mehr.

*

Wir saßen unweit der Bar, hinter dieser ein schwergewichtiger Angestellter jeden Cocktail-Mix mit einem kleinen Stepp-Getanz vollendete. Wir fühlten wie in Erdbebenzone.

*

Mein Begleiter und ich wurden an einem Tisch an der Spitze der Wendeltreppe im ersten Stock gesetzt. Mit Sicherheitskarabiner und -gurt um Bauch und Brust kettet man uns an das Stahlgeländer und versichert: »Kein Absturz möglich.« Dann konnte der Spaß endlich losgehen.

*

Wir bestellten Burger. Und wie befürchtet, beim Versuch zu essen: Alles fließt.

*

Wir wurden an einen Kochtisch mit zwei anderen Paaren gesetzt und waren fasziniert beobachten der dreifingrige Koch jonglieren unseren verschiedenen Gänge. Okay, leider spritzen immer wieder Säfte und Fette auf unsere Gesichter und Brillen. Aber der total tolle Show machte es uns ertragen.

*

Wir verließen den Laden zusammen mit eine Menge Fliegen auf uns sitzen.

*

Menü ist fixiert, so es ist die einzige Aufgabe des Personal, Ihnen so viel Alkohol wie möglich zu verkaufen, während Sie für zweieinhalb Stunden wie gefesselt an Ihren Stuhl essen.

*

Oktopus-Salat gibt mir den Eindruck von Medusa-Kopf auf meinem Teller. Ihre Schlangen aber, Gott sei Dank, schon tot.

*

Wenn es kommt zur Zahlung, wir merken, auch das Atmen ist hier offensichtlich eine Kosten bescherende Extra. Wir schimpfen auf die Rechnung. Diese lachte nur.

*

Ihre Nase tropft in meiner Suppe – ist es wirklich so geplant?

*

Sie boten uns sofort ein paar verkümmerte Nüsse, sodass wir in Stimmung bekommen für den großen Appetit. Lächerlich und hilflos.

*

Ich saß gut gelaunt in einem Hafenrestaurant, bis das Kreuzschiff landete und eine Menge von stinkreicher Amerikaner ausspuckte, die alles überfallen und kaputtfressen wie Heuschrecken – so leider auch mein Restaurant.

*

Unter dem Restaurant plötzlich brach die Hölle aus: Sehr laute Musik, und die vielen Bass schüttelte den Wein in die Gläser wie ein Cocktail gerührt. »Heute ist Samstag, Disco kostenlos für alle!« Danke, nie wieder.

*

Der Verstorbene hatte das Restaurant für den Leichen-
schmaus gebucht – sicherlich er uns alle noch tyrannisieren
nach seinem Tod wollte.

*

Alle männlichen Gäste waren gezwungen, eine Fliege um den
Hals zu binden. Sie haben eine Korb mit Fliegen am Empfang
und geben dir, wenn du ohne kommst. Es ist so ein lächer-
liches Bild, alle Köpfe geschnürt mit Fliege um den Hals. Für
die Frauen vielleicht ein wenig lustig.

*

Ich sage es Ihnen, wie es ist: Es gab Dinge herumkrabbeln,
und die, die sich nicht bewegten, verkauften sie Ihnen als alte
Nahrung.

*

Manager platzte fast aus sein rosafarben Hemd. Wenn er vor
uns stand und lange schwadronieren, wir schützen unsere
Augen, weil die Knöpfe jeden Moment auf uns zu schießen
drohen.

*

Pfeffer- und Salzmühle in der Gestalt von Stan und Olli. Du
kannst die beiden Spaßvögeln die Köpfe drehen, solange du
willst, über die Speisen kannst du trotzdem nicht lachen.

*

Erst die Alligator-Show: die Viecher füttert mit Lämmerkeulen und -köpfe mit viel Gesprudelte-Wasser-Tamtam. Danach das Gaumenvergnügen: gegrillte Alligatorfilet. Leider mit Hammelnote.

*

Oberkellner kam mit einer Glatze glänzend und reflektierend, dass wir Sonnenbrille aufsetzen gezwungen.

*

Viele Restschuppen auf der Fischhaut stecken sich zwischen und auf meine Zähne. Ich hatte so wenigstens ein Perlmuttern-Lächeln aufzusetzen.

*

Der Menü nicht schlecht, aber im Stich gelassen von der Show: Einige undurchsichtige Darsteller stolpern auf der Bühne in begrenzten Kleidung, gefolgt von durchschnittliche Pfostentanz und ein paar halbe Akrobatikansätze.

*

Pudding kam in ein kleinen braunen Bottich mit einer, wie mir schien, gefräßigen Beschichtung.

*

Das Beste, was man mit diesem Reisbrei tun sollte, ist, Kugeln kneten und an die Wand knallen!

*

Pfannkuchen nicht nur die Spezialität des Hauses, sondern auch das Gesichtsform der Kellnerin.

*

Wenn Sie eine echte Naschkatze, brauche Sie nicht kommen: Hier müssen Sie Fan sein von brennendes Speiseröhre und Arschloch.

*

Minuspunkt: Ich fand den Knoblauch ziemlich potent.

*

Erst dachte ich, der Kellner hat eine Katze um den Hals gebunden. Wenn er näher, sah ich, er trug nur eine speckige Halskrause.

*

Ungewöhnliche »Fleischtombolla«: Restaurantchef zieht aus der Glasschale auf dem Tresen Hackbälle mit eingebrannten Nummern und liest sie unter großen Gejaul der Gäste. 1. Preis: Alter Schinken vom Schwein.

*

Der Mann im Hintergrund fütterte Zutaten in eine Teigmaschine, die sah aus wie von Mr. Edison erfunden in ein Fieber-Drogen-Traum. Besser die »Pizzabäcker« hätten eine Maschine zu bauen, die etwas Leckeres hervorbringt.

*

Ich war hier mit mein Opa und seiner Geliebten. Die scharfe Chili-Sauce setzen die beiden so unter Feuer, dass sie für die halbe Stunde in den Waschraum verschwanden. Zusammen in einen Kabine, meine ich!

*

»Taube im Todeskampf« fanden wir eine zu dramatische Eintrag auf der Karte.

*

Kellner war lustig und anders. So es störte uns nicht, ein Stück Klopapier aus seiner Hosenreißverschluss uns anguckte.

*

Im Garten gibt es bunte Sandsäcke, in denen Sie unbequem sitzen herabsinken, und eine bunte Dragqueen serviert Cocktails für den Anfang. Ende wollten wir nicht mehr.

*

Ich bestellte einen »Kaffee Americano«, und der Spaßmacher-Garçon brachte ihn, gekleidet mit Cowboyhut und klirrende Sporenstiefel.

*

Kategorie »Pit-Knödel« überraschte mich auch ziemlich.

*

Süßlichkeit in Augen und Zunge des Kellners machen meine weibliche Begleitung stumm zu schmunzeln und glotzen.

*

Vorspeisenteller für alle. Nächsten Tag: Verdauungsalarm für mich allein.

*

Zum Nachtisch: Creme von der gesprungenen Schüssel.

*

Suppentemperatur hat mich überrascht: Gefahr von schneller Gesichtsverbrühung war nicht ganz ausgeschlossen.

*

Es kam an meinen Tisch ein Paket, das eine zitronige Erfrischung versprach. War aber nur trocken alte Papierlappen.

*

Diabetiker sollten diesen Ort vermeiden. Der Zuckeranteil wird sie durch die Decke gehen lassen.

*

Absurder Beilage war das Trockeneis zum Wein. Meine Vermutung: Dämpfe von Trockeneis sollen dem Weintrinken eine mystische Aura erstellen. Bei mir hat nicht funktioniert. Ich lachte dafür aber viel.

*

Ich sehe die Dinge nun durch eine Melone.

*

Dic Karamellglasur kleben in der Art, die Ihren Zahn brechen.

*

Obwohl der Geschmack von Milchreis mit Zimt war nicht so schlimm, ich fühlte danach mein Blut flocken und heiße Schübe. Wahrscheinlich Chlor-Allergie.

*

»Fräulein Frikadelle«, wie wir sie nannten, brachte ihre Fleischrollen strahlend an jeden Tisch.

*

Es war so überfüllt, dass meine Begleitung und ich die Chance, mit kleinen Tisch zu verschmelzen.

*

Wenn Sie wie eine faule Katze und lieber keinen Schritt aus der Tür, überlegen Sie noch mal: Hier werden Sie verwöhnt von eine süße Pussy, die darauf wartet, sich zu teilen – Ihr Essen mit Ihnen.

*

Kellner in Salzkruste und sehr gleichgültig.

*

Durch die Annahme des Begrüßungsschmauses ich hatte offenbar auch akzeptiert, was auch immer kleine Fetzen die Küche wollte los. Ein Klecks Fisch auf Toast, eine kleine Scheibe Frühstücksfleisch, eine geschmacklose Würfel von schleimigen Quiche und ein Löffel Mais.

*

Ein Mann mit Violine-Geige begleitet für eine kleine Weile (was ewig ist) die Abendessen auf dem Bürgersteig, und die Art und Weise ist eine Katastrophe von Interpretation, ich habe in den Ohren noch diesen Witz von der schmerzhaften Art.

*

»Unser Chefsalat gibt Ihnen so viel Energie, dass Sie Ihre Frau auf Händen nach Hause tragen und Sie wegen mit Vitamine auch wieder Chef sein in Zuhause, Sie verstehen?«, der Kerl zwinkerte mich. Ich wählte trotzdem Portion Tatar mit Zwiebeln: Will ich lange Zeit schon kein Chef mehr sein.

*

Ich bestellte Osso Bucco – perforierte Knochen, wenn Sie nicht kennen. Und es irritierte mich natürlich, wenn das Gericht serviert: von einem Kerl mit Holzbein.

*

Sie nicht bekommen, was die Werbung verspricht. Sie erhalten hier aber Löcher in den Bauch und Ihre Darmwand.

*

Die geplante Grillparty auf der Terrasse wurde durch das Erdbeben verhindert, und wir bekamem keine Entschädigung, nur Enttäuschung.

*

Überschwemmproblem im Keller nehme ich an: Abwasser-
schlauch quer durch den Gastraum nach draußen verlegt.
Spuckt ablaufendes Wasser in Schüben auf Trottoir wie kot-
zender Anakonda.

*

Vorsicht: sehr blöde Kante an der Eingangstür, die keiner sehen kann. Meine Patentante fiel in den Speisesaal und blieb
wie Pfannkuchen liegen. Andere Gästen lachten sogar – ich
bin sicher.

*

Unter den Tellerrändern klemmten viele harte Kaugummi.
Durch die vielen Waschgänge nicht gelöst, sondern steinhart
und wie aus Porzellan. Irgendwie eklig, aber auch fand ich das
interessant.

*

»We all live in the yellow …«, wenn der Chor im Seitenzimmer
endlich schweigen, hob das die Stimmung an allen Tischen
merkbar. Wünschten wir diesem singenden U-Boot, nie wieder aufzutauchen.

*

Vermutlich ist dies Erlebnisgastronomie, wenn Sie auf der
Sonnenterrasse eine Ratte rundhuschen zu sehen.

*

Der Pfeffer im Salat begann sich zu bewegen: Läuse.

*

Die Kellner schaukelten viel zu schwungvoll um die Tisch herum. Nie wieder Schiffrestaurant! Sind wir gekommen, um zu speisen, und nicht für Elvis-Pelvis-Contest.

*

Meinem Hals wurde für immer innerlich verbrannt von einem kostenlosen Schnapsangriff.

*

Die Markise stürzte mit einem lauten Poltern fallen nach unten und bedeckte die Leute auf der Terrasse. Kurz, es war ruhig, aber dann ging der wilde Schrei.

*

Böse Überraschung: Meine Mutter wiegt nicht schwer, aber abgestürzt mit ihrem Stuhl, und sie zog mich und diesen Tisch noch mit auf den Boden der Verlegenheit.

*

»Sir, das Gute ist, dies war früher Stahlbetonbunker. Kann Flugzeug fallen drauf, und Sie trotzdem weiterhin schön speisen. Wunderbar, oder?«

*

Und dann gab es eine tolle Show für alle Gäste: Flamme von brennender Schnaps flambiert mein Nase.

*

Es gab plötzlich an unserem Tisch einen Auflauf von Hummern und Krabben, wir hatten sie aber nicht geordert.

*

Er hustete seine Paella über die Wand. Sie sah sofort besser aus.

*

Ich entschied mich für Pudding von der Art der Großtante und wurde in der Nacht von der Magenschmerzen Angst, aber ich lebe. Aber was haben sie gemacht mit der Großtante?

*

Nach einem langen Tagesausflug haben wir beschlossen, in diesem Restaurant einen großen Fehler zu essen.

*

Ich sah sofort, dass dies Italiener war ein Inder! Was also ist das Bullshit? Ist die Pizza in Indien oder in Italien erfunden? Ich werde jetzt die Polizei rufen.

*

Er gab uns einen Champagner auf Kosten des Hauses. Aber da das Haus ist ein Scheißhaus, ist Champagner …

*

Der Fünfundvierzig-Jahre-Mann in der karierten Jacke sah wirklich ohne Bedeutung aus, bis er plötzlich stand auf, kletterte auf den Tisch und begann brüllen von Feuer und Hölle, die auf uns schon erwartet. Etwa zehn Minuten dauerte es, bis die Mannschaft nahmen ihn und hatte die Tür gezeigt. Denkwürdige Leistung.

*

Mit großer Tamtam ein Vogel knallt gegen das Fenster und bleibt mit geknickten Kopf liegen. Fensterplatz kann auch Nachteil sein.

*

Ist es nicht schön, wenn erhitzte Atmosphäre zwischen Dienern. Sie als Kunde immer ein wenig bleiben dazwischen.

*

Wir mussten warten für ein ganzes Jahr, bis wir einen Tisch in diesem Restaurant. Als wir ankamen, parkte ein Auto von dem Kammerjäger vor der Tür, also gingen wir sofort wieder zu Hause.

*

Wir bekamen sehr verschiedenen Wein als die, die wir bestellt hatten. Aus einem ganz anderen Stadtteil und eine ganz andere Traube!

*

Nicht unbedingt ein Vergnügen, wenn Sie in einem Gartenrestaurant sitzen und eine Böe des Sturms hilft dabei, Ihre Suppenteller auf einen Schlag zu leeren.

*

Bisher erwartete ich nicht in einem Restaurant die Konfrontation mit zwei Babyzwillinge, die an den Brüsten der Mutter saugen – okay, es ist Natur, aber Natur ist nicht alles!

*

Die Rezeption-Mann war ein Wortschmied der besonderen Art. Er gab Lebenstipps und wanderte dabei durch die Welt der Sprichwörter, die er neu erfunden. Eine Probe: »Weißt du, manchmal muss man stante pede in der kalten Apfel beißen!« Er hob dabei die Augenbrauen bis zu seinem sehr hohen Haaransatz.

*

Einer der Italiener fand in seiner Ravioli eine Patrone. Soll vielleicht heißen: Gleich wartet für dich Blei zum Essen, denn schockiert er verließ laufend sofort das Lokal. Wir taten es dann besser auch.

Seine Nachbarn kann man sich nicht aussuchen

*

*»Ein wahrer Meister der
schmatzenden Kunst!«*

Sie hatte dicke Backen wie ein Hamster, zweifellos die zweite Hälfte des Bratens wurde gespeichert.

*

Super Sache: Pfeffer und Mittagessen, zwei meiner Lieblings-sachen! Leider aber viel Gejammer von zirka 40-jährigen Win-delscheißer am Nebentisch mit dem Endlos-Slogan: »Huhu, das ist aber scharf, Darling … uhhh, wie scharf.«

*

Sie laden sich hier schnell mit Zucker und Koffein auf und ver-lassen den Laden wieder mit hochrot pulsierenden Köpfen.

*

Idiot schnappt erst tausend Fotos von seinem Essen, und wenn es kalt ist, dann aß er es.

*

Die Snobs aus der Großstadt wollen gern etwas primitiv und rustikal, aber dann sie weinen, wenn sie auf den Parkplatz zum Restaurant mit dem Stiletto in der Schweinegülle sind.

*

Nach dem Essen holte sie ihre Zähne aus, wischte sie mit ihrer Serviette und legte sie ihrem Mann in seiner Hemdtasche.

*

Rätselhaftes Verhalten: Die fünfzig Jahre alter Mann untersucht das Menü für eine halbe Stunde, dann gab sie lachend zurück und verließ das Lokal.

*

Es gab eine Gruppe von Psychologen an dem größten Tisch und konnten nicht von ihrer beruflichen Tätigkeit lassen. Als der Kellner brachte die Karten, so einer von ihnen fragte: »Was ist schiefgelaufen in der Kindheit, mein Guter, dass Sie jeden Tag die Karten zu bringen und fragst Fremde: ›Was Sie essen möchten?‹ Welche Art von billigen Zuneigung wollen Sie so kaufen?«

*

Um Sie herum Laptop-Männer, die ihr eigenes, aber sicher auch Ihr Essen elektronisch verstrahlen.

*

Hinweis: Würfelhusten ist nicht ein Appetitanreger.

*

Hohes Mithören-Potenzial zu anderen Tischen. Ist aber nur schön, wenn Sie interessiert an Klatsch über kleine Sünden von Richtern und Rechtsanwälten vom Gerichtshof gegenüber. Alles in allem: Ambiente von Courthouse-Kantine.

*

Offensichtlich wurde es ihm langweilig, und er wollte den Betrieb Schock: Wie auch immer, nahm er ein Hardcore-Porno-Magazin aus der Tasche, legte sie auf den Tisch und blätterte interessiert, während er aß seinen Teller.

*

Der Opa war blind, aber egal, denn er saugte seine Würstchen einfach wie die Kinder mit Spaghetti machen. Witzig!

*

»Mein Mann isst nur entsetzlich wenig, aber er ist ein sehr guter Verwerter, alle kleinen Happen machen sich sofort auf ihm bemerkbar.« Das ist richtig, der große Kerl hatte einen ganzen Zentner kleinen Bissen am ganzen Körper gesammelt!

*

Die Brille rutschte mehrmals in die Nahrung, weil seine Nase war defekt oder ein Fall von Lepra. Wir waren froh, gesund zu sein.

*

Besucher neben mir in ständiger Gesellschaft von einem heißen Chat auf Smartphone. Seine Ohren heißer dampfen.

*

Die Baby-Gesicht-Glatze am Fenster sah aus wie ein Kinderschänder. Am Telefon er wisperte: »Hier JR, wie ist die Lage?« Keine Frage: Der Kerl wartete auf seine minderjährigen »Dessert«. Wir beschlossen, ihn später auf der Straße blutig schlagen. Das sollte unser Nachtisch.

*

Ein Dickbauch-Typ mit borstigen Wangen lachte sehr laut und unterhielt seine Freunde mit drittklassigen und Witze steif. Pause nur alle halbe Stunde, wenn seiner Frau gab ihm über Telefon Bestellungen. Dann war er still und unterwürfig, piepte und versprach, bald nach Hause kommen. Danach lachte er wieder und blies seine Hose auf. Klarer Fall von Persönlichkeitsspaltung.

*

Kleiner Zwischenfall an der Seitenlinie. »Sie widerwertiger kleine Mann«, rief die Frau an der Theke. »Nehmen Sie die Füße von mir, und steckten Sie sie wieder in Ihre Plateauabsatz-Schuhe.«

*

Die Omas machen den Eindruck, als seien sie schon seit vielen Stunden hier, sie quatschen betrunken durcheinander, zwei oder drei schlafen in der Ecke, und immer wenn ein Mann vorbeigeht, bekommt er einen Spruch serviert: »Hey, Waschlappen, komm her, packe aus, und zeig uns, was du hast!«, und so weiter.

*

Nach jedem Bissen nahm er einen Schluck aus der Flasche Schnaps, die er auf den Tisch vor ihm. Nach dem halben Gericht er lachte nur, nach Beendigung der Mahlzeit weinte er. Die Flasche war leer.

*

Ein sehr dicker Mann in gestreiften Pinguin-Anzug wurde sehr zuvorkommend serviert. Ein Gericht nach dem anderen mit Köstlichkeiten wurden ihm gebracht. Er aß und aß und wischte sich die glückliche kleine fettigen Mund und Fingern auf der Tischdecke. Er musste ein befürchtet Restaurantkritiker, war ich mir sicher.

*

Das Parfüm der Lady nebenan war so stark, dass alles nach schrecklich Veilchen leider schmeckte.

*

Auf den Spiegel in der Männertoilette jemand hatte mit roten Filzstift geschrieben: »Hey, Tömsen Töc, dein Smörrebröd ist so geil römtömtömtöm!«

*

Der Typ am Nebentisch hatte plötzlich einen epileptischen Anfall, aber alle hatten Angst, ihm zu helfen, denn nicht nur hat er fällt auf den Boden, aber die Pistole rutschte von seiner Jacke. Danach er schnappte sie und verließ das Restaurant umgehend.

*

An der Toilette des Lokals kniete ein Mann, gedachte zuerst, er würde beten, aber nach den Geräuschen er nur würgen.

*

Für die Kleinen gab es ein »Unterhaltungs-Ecke« mit ein Self-service-Zuckerwatte-Kessel. Wenn ein Dreijährigen fiel hinein und wurde ein paar Minuten als großen Zuckerbonbon herausgefischt, ich sah folgendes Bild: große zappelnde Spinnenbeute, von Faden schon komplett verschnürt. Bizarres Bild. Und groß Geschrei im ganzen Laden.

*

Das Personal verspottet meine asiatische Frau. Auch begann der Tisch hinter uns schrecklich über sie lustig zu machen. Sie wurden erst stumm, wenn ich, mein Samurai-Schwert ziehen, langsam aufzustehen.

*

Flaschendrehen-Spiel am Nebentisch. Gingen wir, bevor die lustigen Menschen sich die Kleidung ausziehen und anfangen, wilde Tiere nachspielen.

*

Restaurant war voll von Menschen in Anzügen, die zu laut gesprochen. Eine Splitterbombe wäre hier sicher nicht falsch am Platz.

*

Die Frau mit lila Frisur ging von Tisch zu Tisch und fragen jeden männlichen Gast: »Hast du Teddy was getan, Cyrus?« Es dauert zwanzig Minuten, bis Krankenwagen-Männer kamen und sie hinausbringen.

*

Zwischen Gang drei und vier verloren wir die »emotionale Verbindung« zum Gäste-Ehepaar an unser Tisch. Wir essen schnell zu Ende und schweigen gehen zum Auto.

*

Die Leute am Nebentisch mit hoher Lautstärke zu sagen, dass sie rotes Fleisch ablehnen, aber sie dann essen weißes Fleisch. Warum ist ein Vogel besser als eine Kuh? Weil sie fliegen können?

*

Der Typ hatte einen Buckel wie die Menschen im Mittelalter, aber er näher an seinem Teller, was natürlich praktisch zu essen war.

*

Später kam ein kaukasischen Ehepaar und wurden an einem Tisch mit viel bessere Sicht geführt. Sie brachten ihr eigenes goldenes Besteck, und sie sofort anfangen leise, aber ohne Anmut zu naschen Kaviar aus Dosen.

*

Familienpaps bekommt Lachsforelle und macht mit Schnutenmaul schnappen nach Luft mit Augen rund aufgerissen, dazu lachen. Seine fishy Performance, um zu beeindrucken Frau und Kinder – zumindest ich werde nie vergessen sein dummer Gesicht.

*

Menschen und Kinder laufen ziellos herum und machen den Luftraum ziemlich eng insgesamt.

*

Gast nebenan spricht mit sein verstorbenen Freund. Muss schlechter Freund, weil das Selbstgespräch ziemlich laut und gestresst von Minute zu Minute.

*

Sie bestellten sehr laut und böse: »Zweimal Rücken von geschmorten Bambi.«

*

Anderer Gast mit Tourette-Syndrom. Schimpft aber nicht mit Mund, sondern mit sein Popo.

*

Mein Kumpel und ich hatten zwei heiße Hühner gefunden, aber sie wollten nur essen und verschwanden danach. Unsere Wünsche waren nicht restlos zufrieden.

*

Ich musste nur einen kleinen Wutanfall bekommen und etwas durch die Luft spucken, und sofort hatte ich mein Vanille-Dessert serviert.

*

Die Speisekarte war feucht, es war wohl vorher ein anderer Gast das Wasser im Mund zusammenlaufen.

*

Vorgänger-Gast hatte Kerzenwachs zu kleinen Figuren geformt und diese in obszöner Stellung geklebt auf dem Tisch.

*

Am Ende des Abends die betrunkene Dame am Nebentisch sagte zu dem schönen Kellner: »Herr Ober, bitte mich servieren jetzt nach Hause!«

*

Lief ein Kind herum und stoppte an jedem Tisch, sagte seinen Namen und wollte mein auch wissen. Ich habe schon lange seinen Namen vergessen. Aber niemals sein Gesicht, wie ich antworte: »Ich heiße Adolf Kinderesser.« Harhar …

*

Er war ein dünner Vegetarier mit der dicken Brille und schüttelte er immer seinen Kopf, wenn er sah, was wir aßen. Solche Menschen sollten nicht in normalen Restaurants erlaubt sein.

*

Am Nebentisch machte russischen Mafia-Papa auf die dicke Hose. Ich wünsche, Herrn Putin hatte alle Oligarchen immer nach Sibirien versteckt.

*

Unter der Tisch war schon ein Berg von Papierservietten, und oben gab es den Weltmeistertitel-Versuch in Dauerschneuzen. Heuschnupfen ist schlecht für die Patienten, aber auch für Ohren von anderen Menschen.

*

Der Mann brüllte von Wut, als sein Smartphone plötzlich in seine Suppe sprang und dort tauchte.

*

Leider war es kein schöner Anblick, dieses unersättliche Monster in meinem Sichtlinie.

*

Dieses Paar war einer der fruchtbare Art: sieben Kinder! Aber sie alle gleich aussahen, als ob sie geklont wurden. Es herrschte Totenstille am Tisch, vermutlich waren sie alle stumm, oder waren ihre Zungen entfernt?

*

Es war kein Spaß: Sie tranken Wein, als wenn es ihr letzter Tag auf der Erde waren. Sie lachten und schrien und tranken. Und schließlich brach die Erste.

*

Er öffnete den obersten Knopf seiner Hose schon an der Aperitif, der zweite an der Vorspeise – und hatte bestellt ein 5-Gänge-Menü. Ich wollte nicht bleiben, bis alle Knöpfe …

*

Abdeckungsspray von seinem Körperschweiß muss sein außer Funktion; dies macht es deshalb alles sehr traurig für ihn und für uns.

*

Der Kerl hat immer nur an einer Zigarre angesaugt und trank Kaffee und Cognac. Warum hat er überhaupt kommen zum Abendessen im Speisesaal und war nicht gleich in das Café – oder in die Hölle?

*

»Ich muss meine Figur beachten«, sagte die Frau und schob ihren Teller. Der fette Mann sagte: »Ich muss es nicht, meine Liebe, es ist bereits zu spät«, und dann ihre Portion aß er mit einer sehr fröhlichen Laune.

*

Der alte Knacker hatte eine junge, sehr attraktive Frau, aber ich habe ihn nicht gesehen zu küssen mit ihr, hat er immer nur gemeckert. Was für ein Narr! Er hätte sollen nehmen meine Frau zu schimpfen, und ich seine schon hätte versorgt mit Küssen und anderswo!

*

Es gibt nichts Besseres, als einen Tisch neben ein wahrer Meister der schmatzenden Kunst zu haben.

*

Keine Musik in dem Pub. Sehr laut Essgeräusche und Gespräche aus allen Tischen. Sie müssen sprechen sehr laut, um nicht all das zu hören und sich ärgern all the time. Also sprach ich auch laut, obwohl ich an meinem Tisch sitze allein.

*

Nobel gesagt, seine Frau war mehr als korpulent. Er nannte sie »Schneeflocke«.

*

Röchelte nebenan eine Frau in violett Kostüm an Fischknochen. Als ihr Kopf fast von derselben Farbe, endlich der Gatte schlägt auf ihren Rücken, bis sie aufatmet. Wir fanden das insgesamt sehr störende Episode und hatten kein Verständnis.

*

In der Ecke saß ein Gast mit Aussehen wie Lkw-Fahrer. Er aß eine Menge von gebratenen Eiern. Später war er fertig.

*

Meine Tochter verbrannt ihren Mund und schrie vor Schmerzen, lachten die Kinder am Nebentisch und machten Fotos mit ihren Handys. Und ihre Eltern lachten auch, als sie die Fotos sah. Nicht schön.

*

Er hatte zu viel Wein, sein Kopf war so rot wie ein Rettich, und Flüssigkeit tropfte aus dem horizontalen Schlitz unterhalb von seiner Nase.

*

»An was denkst du?«, fragte sie den Mann, aber es war eine dumme Frage, weil er offensichtlich nur über das Essen dachte und fraß in einer würdevolle Stimmung.

*

Die Jungs tranken viel am anderen Tisch. Dämmerte mir: ist nicht gut. Es begann dann ein Krieg der Worte, wuchs in fliegende Biergläser und Schimpfworte und endet in einer Schlägerei. Aber dies uns erlaubt, stillschweigend aus der Affäre zu ziehen.

*

Das Restaurant war immer mein Favorit, weil ich fast immer der einzige Gast. Ich kann nicht andere Menschen, weil sie reden, lachen, weinen und vor allem Geruch (das ist, warum ich auch nie ins Kino gehen). Aber jetzt hat der Besitzer gewechselt, und ist heute ein Paar schon da, der dumm grinste für Stunden. Der Anfang vom Ende wahrscheinlich.

*

Er heulte, fummelte mit seinem Auge, so offenbar verlor er eine Kontaktlinse, und seine Frau sie für eine halbe Stunde mit einem Löffel in seiner Fischsuppe sucht. Großes Theater, wahrscheinlich läuft der Heuler heute mit einem Fischschuppe in die Augen und wundert, warum er bekommt keinen Fokus.

*

Alle fünf Minuten kommt ein neue fette, schmuddelige und unförmige, sehr aufdringlich Losverkäuferin und schreit: »Hey, ich habe eine Los, die den Jackpot gewinnt. Du bist der Idiot, wenn du jetzt nicht kaufen. Ich Glück bringen, bin ich die Zigeuner. Kaufen Sie jetzt, weil Sie morgen schon tot bist!«

*

Es kann sehr unangenehm sein, wenn jemand spuckt beim Sprechen und Essen. Normalerweise würde ich beschwert haben, aber es war meinen eigenen Tisch: Ich hatte mein Vater dabei mit mir und bin nicht einverstanden mit anderen Menschen, die ohne Verständnis dafür überhaupt.

*

Er betrachtete lange seine Forelle und dann schneidet sie brutal, als wäre sie ein Feind, und isst alles komplett, auch den Kopf.

*

In den Bergen, natürlich, immer sind diese Idioten auf dem Rennrad unterwegs. Sie trainieren viel, sodass sie immer in Top-Form, wenn der Tod kommt. Diese Gruppe von dreißig Großväter hatten ihre Frauen mit dem Auto hinterfuhr bei sich. Sie brachten ihnen Lätzchen für das Restaurant und Inkontinenzwindeln für das Geschäft. Ein Affe-Horde konnte nicht lauter und schweißstinkender sein.

*

Nebenan sie hatte einen kleinen Rock, er hatte nur den kleinen Geist – dies bedeutet also, alles in der besten Ordnung.

*

Das Gleiche gilt für Kinder in einem Restaurant wie für Regenwolken an dem Himmel: Ich will nicht mehrere von ihnen sehen und in keinem Fall in meiner Gegend haben!

*

Auch wenn sie zunächst nicht besonders auf sich aufmerksam machten, konnte man an einem gewissen Punkt nicht mehr die wiederholten Angriffe auf deinen Geruch genehmigen – unerhörte Stinker am Nebentisch!

*

Der Mann hielt seine Frau fest in den Armen und sagte: »Du bist verurteilt zu der Zwiebelsuppe.« Eine seltsame und deprimierende Art der Kommunikation.

*

Zum Aperitif er rauchte eine riesige Tüte Gras, und als kam seine Bestellung, hatte er schon vergessen, warum er war hier und spielte unter dem Tisch stattdessen – mit dem Matchboxauto unseres Sohnes.

*

Im Inneren sitzen die gesunde intelligente Menschen mit Blick auf die dummen Raucher, die kalt stehen im Regen draußen. Die Raucher sterben an Lungenkrebs, der Nichtraucher sterben an Fetten-Arsch-Krebs, was soll's!

*

Vielleicht bin ich zu empfindlich, aber diese Frau zischte immer mit den Zähnen, als ob sie etwas von den Zähnen zu entfernen. Oder ist es nur eine Laune? Auf jeden Fall war unangenehm laut, und wenn ich ihr Mann, würde ich ihr gezeigt haben, wo sie mit ihrem Fauchen-Zähne gehen könnte!

*

Der Proktologe wusste, dass niemand liebt es, wenn er spricht über das Best-of von seine komplizierte Operationen der vergangenen Jahre, aber er ist ein Sadist und tut es im Detail und mit sichtlichen Spaß.

*

Okay, war leider ein Gesangverein in den nächsten Raum, und selbst wenn ich nicht verstand, was sie sangen, sodass ich glaube, es könnte sein, dass diese Senioren waren es, die den Krieg begonnen.

*

Es war ein sehr rustikales Restaurant, wo die Mittagspause nur Männer waren. Sie starrten auf meine Frau, dass ich Angst hatte, sie würden mich sofort töten, sodass ich dann nicht für die Gangbang stören. Entsetzlich!

*

Er jammerte in seinem Funktelefon: »Ich kann es nicht mehr ertragen!« Vielleicht er meinte das rosa Kleid von meiner Frau oder ihr Parfüm, aber ich kann nur sagen: Gewöhnung macht dich zuverlässig tot, kein Problem.

*

Es war ungemütlich. Während er lustig mit seinen Tischgenossen, sein Hosenbein tropfte die ganze Zeit Blut auf dem Boden – also haben wir uns entschlossen zu zahlen, und niemals wussten wir leider, ob er das Ende seiner Mahlzeit überhaupt gesehen hatte.

*

Sie zappelten dauernd herum und griffen sich an. Diagnose: höchstes Lendenfieber!

*

Er stieß ständig alles nieder, Gläser, Flaschen. Später, als er aufstand, wurde uns klar: Seine Arme so lang, dass er mit ihnen leicht die Fußknöcheln kratzen konnte im Stehen.

*

Die Brille wurden nicht auf die Nase geschoben, aber in die Frisur, seine Haare wurden wie eine Perücke aus Sauerkraut gemacht, und er erzählt laut aus der guten alten Zeiten. Nicht das, was man will.

*

Die Menschqualle am Nebentisch jammert viele Stunden über das reichliche Gewicht, das ihre Figur entwickelt hatte, und bestellte zur Unterstützung von dem Klagen viele Portionen Pommes frites extra.

*

Er schwitzte und roch sehr stark, vielleicht sollte er das nächste Mal keine ganze Spanferkel, sondern nur ein Glas Wasser verputzen.

*

Mehrere Male während des Essens sein Mobiltelefon klingelte, hörte er nur zu, sagte nichts, fing an zu heulen und dann aufgehängt. Dies war nur lustig für uns das erste Mal.

*

Dieser Typ hat mutmaßlich zu viele Filme gesehen, er sieht sich nervös um dauerhaft. Vielleicht erwartet er, dass etwas Aufregendes passiert: Schießerei, Sex unter dem Tisch oder so etwas. Aber nur sein Essen kalt wird, sonst nichts.

*

Alle waren gestört. Er putzte sich die Nase für eine Viertelstunde, als ob er sich selbst den Teufel blasen müsste.

*

Er telefonierte sehr laut leider: »Aber ich liebe dich, wie du bist, Mama! Nein, es ist nicht schlecht, dass du alt und fett. Bald du stirbst, und alle Probleme sind fertig, glaube mir!«

*

Es scheint so, dass er hatte noch nie ein Weinglas mit dem langem Stiel, denn zum Trinken er behandelte es mit den beiden Händen.

*

Obwohl sie trug ein Kleid mit einem Ausschnitt zu groß, sie bestellt nur Schokoladeneis statt zwei Melonen.

*

Sein Gesicht war sehr bleich, er aß nichts, er trank immer nur Tee. Später wir lachten und machten Spaß: In seiner Teekanne sicherlich war Blut.

*

Es ist in Mode, den Dialekt zu loben, denn es wird gesagt, dass er soll so viele Ausdrucksformen haben, die keine Schriftsprache besitzt. Sie sollten die Befürworter für ein paar Stunden mit geistesschwachen Bauerntölpeln in diesem Fast-Food-Restaurant in der Mitte von Nirgendwo einschließen. Danach wollen wir hören, was die Theoretiker über die Mundart zu sagen haben.

*

Obwohl es war bereits sehr dunkel im Restaurant, sie trug auch eine Sonnenbrille beim Essen. Ich dachte, vielleicht eine Diva? Als ich mein eigenes Essen bekomme, verstand ich, warum: Sie sehen besser nicht genau, was Sie sollten hier essen.

*

Er konnte nur mit einer Hand essen, mit der anderen Hand er in seiner Hose spielte die ganze Zeit. Im ehrlichsten Sinne des Wortes ein Liebhaber, aber nicht ausschließlich von dem Essen, sondern von sich selbst ebenfalls!

*

Der schweißstinkende Typ hatte eine ungalante Zitronenfresse und ärgerte mich immer wieder mit blöden Sprüche, bis dann schließlich mit Hilfe von dem Zwangseinsatz meiner Hände sein Gesicht gepresst wurde. Danach war der große Stille. Okay, ich hatte später Schmerzensgeld zahlen, aber ich tat es mit Vergnügen.

*

Okay, sie war elegant bekleidet, aber immer noch keine wahrhafte Lady, denn sie gab jeden vorbeigehenden Mann einen Klopfer auf seinen Hintern.

*

Kurz und dicke Kriminellenhände, laut aufstoßen und mit Ausdauer transpirieren – ist nicht verwunderlich, dass er viel Freiraum hat um seine Tisch herum.

*

Mein Schwager fehlen einige Enzyme leider, die sind unerlässlich für den Abbau von Aggressionen. Daher war es für uns wieder einmal eine sehr unangenehmer Abend, nachdem er gezüchtigt hatte den unhöflichen Kellner und er kehrte mit seinen Kollegen zurück.

*

Als ich in das Lokal platzte, endeten die Insassen sofort die Gespräche, wahrscheinlich seit Jahren nicht gesehen eine Fremde. Als ich fragte, um etwas zu essen, schüttelte alle leicht den Kopf wie bei einer Zombie-Party. Ich verließ es.

*

Sie hatte einen Niesanfall, aber sie machte keine Versuche, ihn zu stoppen. Nein, ich denke, sie mochte die kurzen Momente des Verlustes der Kontrolle.

*

Die Eltern versuchten, ihre halbwüchsige Tochter zu fördern: »Komm und versuche es bitte, es schmeckt wirklich lecker, wir mögen es auch.« – »Ja, weil ihr seid in der Tat dumm normale Menschen und keine Nahrungsmittelkritiker. Nur mal für deine Information, es schmeckt w-i-r-k-l-i-c-h scheiße!«

*

Seine zotteligen Augenbrauen waren zusammengewachsen zu eine »unibrow«, das eindeutige Zeichen für einen verwahrlosten Charakter.

*

Er redete pausenlos vor sich hin, hüpfte manches Mal ein wenig auf seinem Stuhl und bestraft sich sofort selbst mit schwachen Ohrfeigen.

*

Am Tisch neben uns heulte das Liebespaar die ganze Zeit, und so waren wir bald auch gedämpft. Dann kam unser Essen, und wir verstanden es alles: Es war so scharf zum Weinen.

*

Es ist immer wieder erstaunlich, wie zahlreiche Menschen es gibt, die so dumm, dass diese Eigenschaft wölbt über ihre komplette äußere Form, damit jeder sieht wirklich sofort aus der Ferne: »Kretin«.

*

Er piepst verdächtig, wir befürchteten, er hat einen lebendigen Vogel geschluckt. Aber welches?

*

Er zuerst alles in kleine mundgerechte Stücke schneidet, dann baut damit drei verschiedene Türme von Fleisch, französisch frites und Gemüse. Er hob den Teller vor den Mund und schob einen Turm nach dem anderen in den Mund.

*

Der Opa wollte offensichtlich die anderen Gäste zu schocken, denn er aß mit seinen Händen und stöhnte vor Vergnügen. Unser Diener sagte beiläufig: »Kein Problem, er ist Stammkunde und kommt jeden Donnerstag, er glaubt, dass er ist ein Revolutionär, aber eigentlich ist er nett und dumm«.

Urlaub à la carte

*

»Fühlte mich wie ein missbrauchter Arsch von Tourist.«

Ich vorher nicht wusste, wie die schottische Küche ist. Ich weiß immer noch nicht.

*

Wenn du traurig bist, sollst du Fado hören und essen viel und trinken! Diese Regel scheint die wichtigste Sache sein in Lissabon, und an diesem Ort die unerträgliche Musik beginnt rund um die Uhr, und nur fette Portugiesen, die etwas in sich stopfen.

*

Ein Kellner mit komisch kurzen Armen: Deutschen haben wirklich einen besseren Sinn für Humor, als bekannt.

*

Der Wirt erzählte uns, dass man in Ungarn die Säuglinge direkt nach der Geburt mit Paprika einreibt, damit sie gut riechen und die Mutter sie nicht verstößt. Die anderen Länder, die andere Arten.

*

Wo die Menschen mit Händen essen, gibt es zwei Möglichkeiten: Urwald oder USA.

*

Es gab eine Menge Geschrei, aber das ist normal in südlichen Ländern, wenn Sie Ihre Ruhe dort während dem Essen haben wollen, musst du dich vorher umbringen.

*

Man will uns einen Ouzo schenken, was die örtliche Bezeichnung für eine Art hochprozentige Nagellackentferner mit Aniskörnern vermischt ist. Aber dieses, mein Freund, ist das Geheimnis für die Krise von Griechenland.

*

Die Speisekarten sind alle den gleichen Inhalt. Wer Garnelen isst, natürlich könnte auch essen die Maden und Raupen, aber die Amerikaner und Europäer sind altmodisch und überholt, sie werden nicht mehr lange am Auslöser sein. Wir Asiaten sind die neuen Herrscher der Welt.

*

Als ich mich beschwerte, dass es kein vegetarisches Gericht, kam der Chef: »Sie sind auf einem gefährlichen Weg, wenn Sie keine Tiere essen. Gott wollte, dass wir sie essen, und wenn die Tiere könnte denken, sie würden auch wollen. Also Sie besser verlassen uns, denn das ist mein Land!«

*

Ich verlor einen Ferientag: Sie uns empfehlen Pferdefleisch, und meine Töchter flippt aus und heulte bis abends.

*

Leider gab es so wenig auf den großen Tellern zu sehen. Und die Hälfte davon war auch nur Dekoration. Also mein Mann wollte nur die Hälfte der Rechnung, und es folgte bald einen kurzen schrecklichen Kampf, damit der schamlose Betrüger dieses niedliche kleine Trattoria auf dem Boden lag. Nie wieder Venedig!

*

In diesem Land gab es lange ein schlechter Krieg, und das ist einer der ersten neu eröffneten Restaurants. Vermutlich der Küchenchef hat seine Arme in einem bewaffneten Konflikt verloren, und das ist der Grund, warum das Essen so lange dauern?

*

Die Deutschen halten sich für gebildet, und deshalb sie schneiden vom Aussterben bedrohten Haien den Bauch, räuchern und nennen das Gericht »Schillerlocke« wie ihr verstorbener Dichter Prinz.

*

Er brachte uns die Speisekarte, aber es hat nur drei Gerichte: Mufete de Cacusso, Muzongue, Calulu. Hilflos wir fragen, was ist: Erste Gericht ist Fisch, zwei und drei auch Fisch. Super. Also bestellen wir Nummer eins, weil es uns gut klingt, aber der Kellner sagt: »Sorry, heute nur Calulu.«

*

Gelb, rot, grünes Curry – was soll der Unsinn? Keiner von uns kommt auf die Idee, zu präsentieren gelb, rot oder grün Gulasch.

*

Wir wählten das Restaurant wegen der umfangreichen Sushi-Menü. Sobald wir die Bestellung angingen, wurden wir gesagt, der Sushi-Koch hatte schon nach Hause gegangen, weil zu müde von dem irische Regenwetter.

*

Ich telefonierte zur Reservation, und man sagte: »Wer bist du, kennen wir dich?«, und also ich mich verrate: »Nur ein Tourist.« Man lacht und schneidet die Verbindung.

*

Ich bat um eine Zitrone für den Fisch, aber er sagte nur, dass dies leider nicht üblich in England, denn es ist ein ausländisches Gemüse, und ich soll wie jeder Essig darauf kippen, das schmeckt hervorragend – eine arme Nation …

*

Man mag die Touristen in Berlin nicht so besonders und verschaukelt sie: Der Kioskbesitzer verriet uns, dass er führt den Diner in vierter Generation. Adolf Hitler hatte immer »Kebab mit alles« von seinem Großvater Mustafa bestellt.

*

Die Küche der Reggae-Männer von Jamaika hat nichts Besonderes zu bieten. Sie könnten besser schmieren ihre tolle Jerk-Sauce in die Rasta-Frisur, eine Tüte rauchen und weiterpennen.

*

»Wir sind zwar ein Museumsrestaurant, aber die Zutaten für unsere Gerichte sind frisch!« Schweizer Humor ist wirklich die Spitze.

*

Die kaputte Folge der Globalisierung der Arbeit ist bereits in Sizilien: Die Bedienung fröhlich tanzte um die Tische und sang etwas wie russische Volkslieder mit traurige Melodien in Moll.

*

Natürlich erwarte ich im Restaurant von einem Fährschiff in Nordeuropa kein ausgezeichnetes Essen. Aber dann gab es auch nur ein Kiosk mit Hotdog. Kein Wunder, es gibt so viel Alkoholismus und Selbstmorde in den nordischen Ländern.

*

»Du willst Wasser?«, lachte der Kellner. »Dann empfehle ich dir für das Essen Brot, du Narr! Sie befinden sich in Spanien, wo Wein getrunken wird. Akzeptiere es doch, oder geh fort!«

*

Er zeigte uns eine Schüssel mit Gewürzen und bunten Zuckerstückpieces und sagte: »Nehmen Sie eine Handvoll in den Mund, das ist das Dessert für uns in Indien!« Ich hätte mir gewünscht, ihn hinauszuwerfen zur Türe und sagen: »Das ist die Aktion für freche Indianer hier in den Staaten!«

*

Wir wurden von zwei Kellnerinnen, die so sexy waren, und neuem Menü so gut gelockt, aber einmal eingestiegen, wurden wir ignoriert. Und die Kellnerinnen plötzlich wurde nicht mehr englischsprachigen.

*

Eine Analfistel schmeckt leckerer als den bei Norddeutschen beliebten Schweinenfress mit Namen »Labaskaus«.

*

An Holzbänken aßen Männer gebrühte Schweineköpfe. Jeder vor sich einen Kopf. Sie schneiden Stücke aus dem Gesicht und essen den Backen und Nase. Irgendwie sie selbst etwas wie Schweinegesicht. Nie wieder essen wir in der Deutschlandprovinz.

*

Barbecue am Pool unter Palmen? Wirkt es nicht stimulierend auf den Appetit leider, wenn die alten Lappen Rentnerfleisch dort umherliegen.

*

Hirtensalat von Ziegenhirte persönlich gebracht.

*

Ein Restaurant an einer Lagune – die Lagune mit dem Geruch verwester Irgendwer.

*

Nahmen wir die iPhone-Lampe, um das Menü zu studieren. Hätten wir aber auch im Dunkeln sitzen bleiben. Die Schrift war Serbokroatisch und so für uns ein ewig Geheimnis.

*

Taten sie wie ein Fischerlokal mit Fake-Netze und Plastikattrappen von meeresbewohnende Viecher an Decke, Wand, überall. Typisch »Südeuropa«, typisch Verarschung.

*

Jemand sollte dem Koch Bescheid geben, dass das Gericht »Tür-Fürz« einfach keinen guten Klang in der deutsche Sprache bekommt.

*

Du denkst, das Ambiente ist großartig in einem tropischen Garten unter freiem Himmel mit vielen Pflanzen. Aber unter dem Tisch saugen Millionen Mücken deine Beinen, und es kann sein, dass Sie nie wieder aufstehen können: Mangel an Blut!

*

Diese Kretins nicht einfach kochen und servieren Speisen nur, nein, in Berlin brauchen sie es eine coole DJ im Restaurant: Für die China-Reis zum Tanzen in meinen Mund, oder was ist das idiotische Unsinn?

*

Es war noch nie meine Sorge, so weit gewesen, aber für die Muslime eine Hand rein und die andere unrein. Jetzt bin ich gerade auf der Toilette in Ägypten, kein Papier, kein Wasser, und ich muss wieder an Tisch gleich: Welche Hand sollte ich für den Zweck? Rechts oder links? Ich hasse Mangel an Ausrüstung!

*

Es gab ein echtes Buschmenü, aber wenn sie mich informiert hätte, dass in dem Gulasch auch Rüssel vom Babyelefanten enthalten ist, ich hätte sofort gestreikt.

*

In diesem türkischen Teehaus die männlichen Besucher zum Tee bekommen leckere Pistaziengebäcke und Dominosteine. Frauen brauchen nichts zu bekommen, weil sie keinen Zugang haben sowieso.

*

Kurios: Auch hier wird es in fast jedem Restaurant Sushi angeboten, obwohl alle Mitarbeiter sind Kulleraugen und lange Nasen – oder sie alle heimlich haben schon die Japaner im Keller?

*

Wir wurden bearbeitet von einem kreischenden Flamenco-Gitarristen, der gegen den riesigen Lärm von den Fußball-TV und alles Läuten und Schlagen aus der Küche versuchte.

*

Der Geruch, direkt aus der Karibik-Kanalisation importiert, ist ein treuer Begleiter Ihr Südsee-Essen hier.

*

Ein Ort der natürlichen Schönheit, umgeben von die brechenden Atlantic Rollers. Aber das Essen die größte Attraktion sind leider verletzte Sardinen.

*

Der Ursprung der portugiesischen Küche muss eine dumme Vertauschung gewesen sein, weil sie servieren Weizensuppe mit Kartoffelbrot.

*

Sie hatten alle Arten von exotischen Früchten in ihrem Angebot für die Gäste, aber wenn ich ehrlich bin, ich liebe nur Tierfleisch, und auf jeden Fall reise nicht ins Ausland für Obst und Gemüse.

*

Die regionale Küche hat mich immer fasziniert, aber das gekochte Fuß eines Leguans gab meine Stimmung einige Fragezeichen. Es schmeckte sehr gut, aber ich war nicht so glücklich später.

*

Eine süße Suppe aus Roter Bete ist das Nationalgericht? Kein Wunder, haben die Besatzer über den öden Polen oft lachte.

*

»Zu den Spaghetti Bolognese empfehle ich Ihnen eine traditionelle Getränk von unserer schönen Insel Sizilien mit dem Namen Pepsi!«

*

Es gibt ein Problem mit dunkelhäutigen Ausländer überall in Zürich, aber der Service war einwandfrei: freundlich zu den zahlenden Gäste, feindselig an die Bettler. Auch wenn die Speise war so mittel, in der Schweiz fühle ich einfach immer gut.

*

Die Mexikaner waren schon immer ein armes Land. Um die Tatsache, dass sie ernähren sich von Schweinefutter wie Bohnen und Mais, zu verbergen, sie ihre Leckereien in Teiglappen verstecken und essen sie heimlich unter große Hüte, genannt Sombreros.

*

Es gab leider nur Kleinigkeiten auf der Karte, aber dann wir wurden aufgeklärt: Im Libanon werden permanent Anschläge verübt, und deshalb konzentriert sich die libanesische Küche auf kleinen Vorspeisen, genannt Mezze, die in kurzer Zeit eingenommen oder mitgenommen werden können auf der Flucht.

*

Die alten Griechen haben sicherlich viel Nachdenken in ihrer Antike, aber nie jemals über Rezepte.

*

Bei einem fast rohen Fleisch gab es Kartoffeln al dente und kalte Bohnen mit Knoblauch verbrannt. Gott lebt nicht mehr für eine lange Zeit in Frankreich.

*

Im realen Sozialismus das gute Essen war ein Zeichen des Bourgeois und deshalb abzulehnen. Ich fürchte, dieser Koch hier ist treuer Kubaner.

*

Pizza hier groß wie Wagenräder. Klingt gut? Falsch! Sind auch so hart.

*

Sie taten Chili in allen Gerichten, auch Nachtisch. Verrückte Asiaten, zu schwitzen wollen sie immer und lieben sie einen brennenden Arsch auf der Toilette.

*

In Irland wurden früher mehrfach verwendet Hungersnöte, weshalb sie damals Ernährung durch Getränke wie Bier und Whiskey gelernt haben. Diese Nahrungsaufnahme ist immer noch die beste, wie ich in diesem Restaurant mit seinen nutzlosen Eintopf mit Kartoffeln gelernt.

*

»Du bist eine Deutsche, also empfehle ich dir Kartoffel püriert mit Pommes frites, Knödeln und dazu Kartoffelsalat ohne weitere Zusätze.«

*

Ich denke, die mentale Differenz von Mitteleuropa und der arabischen Welt wird vor allem von dem Brot gezeigt: Wir wollen produzieren und präsentieren etwas und pumpen unser Brot mit Hefe und so weiter – dort bleiben gelassen und ohne Ehrgeiz platt herumliegen wie ein Pfannkuchen.

*

Es war klar, dass die Haute Cuisine nicht in diesem Land erfunden. Aber leider es war nicht klar, dass sie nur feuchte Mäuse verzehren. Definitiv nicht meine Tasse Tee.

*

Unser Resort-Concierge empfahl diese Bodega – jetzt ich bin nicht sicher, ob er uns mochte überhaupt.

*

Wenn man sich anbetrachtet, was die Amerikaner essen, können Sie absolut nicht wundern, warum nur unverdaute Scheiße davon entsteht – seit 1776.

*

»Wir verwenden nur die lokale Produkte und kochen sehr einfach!« Ja, genau, und leider kann man es sofort schmecken, du norddeutsch Ignorant!

*

Käse aus Milch von Elefanten hergestellt? Aber ich werde einen Rüssel und Elfenbeinzähne hoffentlich nicht bekommen?!

*

Die Ente-Ei wurde angebrütet, so konnte ich auf die Konsistenz dieser weichen Entenfüße in der Entwicklung beißen. Ich muss sagen: Verrückt, diese Filipinos …

*

Die Japaner gaben uns das Menü, und wir lesen: Fisch 1, Fisch 2, Fisch 3 und Fleisch 1, Fleisch 2, Fleisch 3 usw. Also fragten wir: »Welche Fische, welche Art von Fleisch?« Er konnte nur sagen »1, 2, 3« usw.

*

Es ist wirklich erschreckend, wie viele Leute dort sind außergewöhnlich hässlich! Und sie bewegen sich in der Öffentlichkeit, als ob nichts geschehen wäre. Warum niemand tut etwas dagegen?

*

Nachdem wir die gebackenen Meerschweinchen gegessen hatte, fragte ich für die anderen berühmten kolumbianischen Spezialität, aber die Kellnerin fand es nicht lustig, behaupten sehr ernst, sie haben kein Koks.

*

Warum ist der gelbe Reis in Spanien? Wer es gepinkelt?

*

In Berlin die Pommes roch komisch nach dem billigen Altöl, das wohl schon in Verwendung, als Adolf Hitler kam hier für ein Snack während der Olympischen Spiele

*

Wie vollkommen üblich in Paris ein Lokal mit einer Identitäts-krise: japanische und italienische Küche von einem indischen Koch zubereitet. Daraus folgten leider einige »interessante« Menü-Kombinationen.

*

Dies ist das schlimmste Restaurant, in dem ich in meinem Leben gegessen habe – und ich lebe in England!

*

Alle wissen, dass am Flughafen Sie nicht feines Essen erwarten können, also es gibt kaputtes Separatorenfleisch mit Roboter-soße und Pommes zaghafter Temperatur.

*

Als Vorspeise gibt es dreißig Gerichte, aber immer alles nur Nudeln. Offensichtlich die Italiener sind sehr einfach und niedrige Menschen.

*

Die Norweger sind verrückt. Im Menü von Fischrestaurant kannst du Säugetiere finden: Wale und Robben. Vermutlich sie essen auch Pinguineier zum Frühstück?

*

Diese Fleischgrillstelle war nur für die Männer zugelassen. Ruinierte so meine ganze Erfahrung mit diesem schönen Land der grenzlosen Freiheit. Bullshit-Freiheit! Fleisch für alle!

*

Auf dem Markt hatten wir das Angebot »Buschfleisch« gesehen, aber wir hätten nicht gedacht, »in der Lage sein zu genießen« am gleichen Tag Fleisch von Primaten. Ich meine, sie sollten lieber im Busch diese lustige Affen lassen.

*

Ich hatte schon gehört, dass in Asien Algen gefressen werden, weil sie gesund sind, also versuchte ich es, aber ich muss sagen, dass ich danach nicht fühlte besser. Meine Schleimhaut war so verfremdet wie durch den Genuss von zu vielen Salzgurken, das ist alles.

*

Selbst wenn die Chinesen alle gleich aussehen zu uns, in China gibt es viele verschiedene Regionalküchen, behauptete man zu uns. Nun ja, wer soll das glauben? Wahrscheinlich manche kochen den Reis im Beutel, und die anderen verwenden den ohne Beutel oder so ähnlich. Das Essen war auf jeden Fall nicht relevant.

*

Ich habe gelernt, dass »kitchen« in Deutschland »Knast« bedeutet. Und, ich gestehe es, es schmeckt dort oft wie von der Gefängnisküche.

*

Ich war nicht informiert und landete genau auf dem großen Truthahntag, der zu Ehren von diesem langweiligen gemästeten Zuchtvogel von der ganzen Nation aufgegessen wird.

*

Ich habe mich als Kind gefragt, wieso die vier Bonanza-Cow-boys einen chinesischen Koch haben wollen, anstatt vier Frau-en. Heute, mit fünfzig Jahren und nach einem Besuch im Asia-Restaurant zum wiederholten Mal, ich glaube, dass sie waren homosexuell und mochten ihn deshalb, denn das Essen kann es sicherlich nicht sein!

*

Was hier ohne Reue als Pizza verkauft wird, sollte die italie-nische Armee in die Bewegung setzen. Dass sie dieses Ort niederbomben und die Ehre des großen Stiefelstaates wieder herzustellen.

*

Die Lage des »Amarillo« ist irre Witz gut. So werden Ihre Tou-ristenkumpels Sie auch verzeihen, dass ihr Kaffee schmeckt wie Katzenpiss.

*

Wir bestellten ein paar Elemente aus dem Menü. Später, nur weil wir nicht sprechen die Sprache, versuchten sie, ein wei-teres Element auf unsere Rechnung zu schleichen.

*

Musikkapelle mit Namen Dubrov-Brüder kamen und spielen alte mazedonische Liedergut mit Violinen. Leider sehr trauri-ge Melodien, Stimmung im Lokal war im Arsch sehr schnell.

*

Ein Eingeborener empfahl uns das »Hühnerhaus«, aber als wir endlich fanden, es war nur eine Bar mit Erdnüssen sowie teure Getränke und eine schmale Auswahl Frauen.

*

Ich bin gegen Kinderarbeit, aber in diesem Land es ist normal. So müssen Sie nichts sagen, auch wenn das Essen nicht schmeckt, weil sonst die Kinder in der Küche werden geschlagen. Ich selbst habe mehrfach ausprobiert und gesehen. Schwierige Situation.

*

Der Geheimtipp des Tourismus-Office-Mitarbeiter nicht für Touristen geeignet: Es gab noch stinkenden Müllmänner, die speisten in diesem »typisches Restaurant«. Lecker.

*

Ketchup auf den Fisch? Amerikaner sind, was immer es ist, einer der dümmsten Menschen.

*

In vielen Fällen aßen wir sehr gut dort, wo immer jemand sagte, es wäre schlecht. Hier nicht.

*

Hier wurde nicht verstanden, dass Gastfreundschaft ist die Basis für ein dickes Geschäft mit reichen Touristenfresssäcke.

*

Die Kuche Südeuropas ist hier gefragt! Und okay, Knoblauch sehr gesund, aber die Nebenwirkungen wie Isolation aufgrund mangelnder Sexualpartner können Sie auch krank machen.

*

Ich bin ein Mann mit einfachen Geschmack: Frauen blond, Bier kalt und panierte Schnitzel. Nichts davon hat es in diesem Dschungelrestaurant, und es war also sofort klar, dass es gibt noch ein sehr unangenehmes Abend – für alle Beteiligten!

*

Die bayerischen Deutschen machen gerne viel Theater von ihrem Bier – sie betrinken sich mit dieser Hilfestellung aber, damit sie danach das fürchterliche Schweinefutter zu ertragen können.

*

Ich habe keine Ahnung von der holländischen Küche und bestellte hier nur ein Bier, denn man sagt, die Frauen tragen Schuhe aus Holz und versuchen, dir Gouda zu verkaufen. Wenn es klappt, fahren sie danach schnell fort mit dem Fahrrad wegen der minderen Käsequalität.

*

Was viele nicht wissen: Die indischen Restaurants in Europa bieten nur die traditionellen Speisen für die niedrigste Kaste, die Parias, an – und für uns. Daher müssen Sie nicht fragen Sie sich, wenn es nicht so super Geschmack.

*

Die Deutschen und Polen sind sie beide verrückt nach Würsten. Aber die Deutschen wollen zeigen Polen, dass sie besser sind, streuen sie über ihre Wurst indische Curry.

*

Wir hatten die Route 66 zu fahren geplant, aber schon unsere erste Station in dem Barbecue-Grill schleuderte uns direkt zu den Krankenhausbetten.

*

Die Christen, okay, wir hatten immer schon im Fernsehen gesehen, aber es ist wahr und verrückt, sie haben wirklich alle essen Schweinefleisch. Du kannst es überall kaufen!

*

Wir entschieden uns für diese Gaststätte als unsere letzte Mahlzeit – in diesem Urlaub, aber fast wäre es von unsere Leben, alle mussten wir das Krankenhaus hüten.

*

Okay, die Briten waren schon immer eine Nation der Abenteurer und Seefahrer – weil das Essen in der Heimat ist so beschissen.

*

Dies ist eine Touristenfalle. Aber Wasser von der Leitung ist lecker und günstig.

*

Die Türken haben noch nichts leider von der frischen Zubereitung von Speisen gehört. Aber ihre Nationalgetränk ist in der Tat abgestandener Tee – sie sollen es alleine trinken! Kein Wunder, sie haben eine lange Zeit nichts mehr in der Weltpolitik zu sagen.

*

Der Muslim hatte drei Frauen dabei, die von Kopf bis Fuß in schwarzem Stoff gehüllt, nur die Augen waren frei. Ich war neugierig, wie sie essen und trinken wollten, aber ich hatte die Situation falsch eingeschätzt, denn während er aß und trank wie ein obere Sultan persönlich, mussten die Frauen einfach nur zuschauen und den Mund halten. Clevere Sparfüchse, diese Mullahs!

*

Man empfahl mir zum Essen das Oktoberfest, aber soweit ich es sehen, dort schläft die kulinarische Messlatte unter der Erde vergraben.

*

Es schmerzt mich sehr, so ein Gutachten eines Betriebes zu geben, aber ich fühlte wie ein missbrauchter Arsch von Tourist.

Einmal
und nie wieder

*

*»Alles, was ich sagen kann, ist
schwarz und knusprig.«*

Es ist eine etwas trostlose Snack direkt bei dem Standesamt, aber nicht so sehr die Hochzeitspaare dorthin gehen, aber die geschiedene Leute.

*

Verdammt, ist mein Mund ruiniert.

*

An der Tür hing ein Schild: »Heute geschlossen wegen Tod.« Kalkulieren sie mit der Auferstehung morgen?

*

Das Erstaunlichste an diesem Restaurantbesuch war die Fahr- stuhlmusik – die aber nicht von Fließband, sondern aus mein Arsch.

*

Wir waren in großer Erwartung für das Silvesterfeuerwerk auf der Terrasse. Die Freude verbrannte sehr schnell, als flogen uns die Raketen und Bomben um die Ohren. Wir fanden uns zu den Tischdecken verstecken wie Mäuse. Das Feuerwerkmeister hatte den Cocktails offenbar stark zur Ver- abschiedung des alten Jahres zugenickt.

*

Mein Sohn wollte einen Spaß machen und setzte den Kloß im Ganzen mit Gewalt in seinem Mund. Aber dann drohte er zu ersticken, und niemand im Restaurant uns geholfen, waren wir nur gelacht. Es war ein Trauma. Erst später im Krankenhaus ist er vorsichtig in Stücke geschnitten.

*

Gutes Restaurant, wenn du bist der geduldige Buddhist.

*

Ich trat in diesen Ort als stolzer Mann von der normalen Sicht auf das Leben. Ich ging als ein durchklopfte, gedemütigte Kotelett. Kotelett vom Schwein, nicht von Mensch.

*

Wir kamen, um zu feiern meinen 50. Geburtstag. Wenn wir waren durch alle dieses schlechten Essen, ich fühlte, als wenn ich gerade unter Schmerzen beendet schon mein 90. Lebensjahr.

*

Nach diesem Essen der schrecklichsten Erfahrung dein Mund ist keine Jungfrau mehr!

*

Achtung: Das Restaurant »Dionysos«, das unter dieser Adresse zu finden ist, ist nicht das Restaurant »Dionysos«, das Sie unter dieser Adresse eigentlich zu finden möchten.

*

Ach, ich bin zu schwach für das Schreiben einer Bewertung, Leute, ich bin die ganze Nacht gebrochen.

*

Ich bin Mechaniker, kein Gastronom. So sehe ich nur die Gelegenheit, meinen Wagenheber einen Impuls geben und die Restaurantqualität kräftig in der Höhe kurbeln.

*

Alle Menschen liebe meine Frau, sie ist ein charmantes Sonnenschein. Nach dem Essen hier aber der Mond für den Rest des Tages schob vor ihr Gesicht, es blieb schwarz und dunkel.

*

Nicht nur die Tomatensoße war aus der Dose. Auch der Kellner war wie Dose. Eigentlich ist der ganze Ort alles in allem eine tolle konservierte Scheiße.

*

Wir betraten die »Bierbörse« wie immer in unserer jüngeren Jahren. Aber an diesem letzten Abend, sie nahm nicht nur unser Geld. Wir lassen auch unsere Seele in den Pfützen hinter der Theke.

*

Ich war mit dem Gefühl, nicht mehr ein Gast, sondern Teil der Ausrüstung des »Vesuvio« zu sein. Als sie wischte mit einem feuchten Tuch im Vorbeigehen mein Gesicht und Ohren, das Gefühl war Gewissheit.

*

Für mich ist dieses Restaurant ein Sonderfall: Ich hatte hier das schlechteste Essen meines Lebens bekommen, und bei dem folgenden Streit darüber ich lernte meine spätere Frau kennen. Man sagt: Ein Unglück kommt selten allein.

*

Ich hatte meine Brille vergessen und ging am nächsten Tag, um sie zu bekommen, aber man sagte mir, dass sie kein Altglas konservieren, sondern alles kommt zum Müll.

*

Auf der Hälfte des Weges durch mein Lachssteak traf ich zuerst auf ein Menge Knochen, dann auf die Erkenntnis, wieder Opfer der weltweit »kochenden« Restaurant-Mafia geworden sein.

*

Ich hatte gewarnt, dass ich Diabetiker bin, aber sie wollte mich testen und pumpte etwas in das Gericht, sodass ich mit einem Schock im Krankenwagen abgeholt werden muss.

*

Das Café zeigt Ihnen, wie es sein wird, wenn es keine Tiere und keine Gemüse eines Tages, weil alles ausgelöscht, weil es nur die graue Brei.

*

Ich finde es auch von der Ethikstandpunkt ganz akzeptabel, wenn ich nun in die Küche und die aktive Sterbehilfe leiste.

*

Dies hier war einmal mein Lieblingspizzeria, aber seit heute ist es nicht mehr: Ich habe Fußnägel im Pizzateig – von dem Mann, der den Teig reif treten muss?

*

Dieser Küchenchef ist auch Teilzeitkünstler. Es ist jedoch eher ein Nachteil, dass die zerstörten Spiegeleiern auf meinem Teller sieht, als ob sie von Francis Bacon persönlich gezeichnet.

*

Danke für die ausführliche Belehrung von der Speisekarte, aber für mich war es bereits bekannt, dass Rohkostküche sollte sehr gesund sein. Aber ich liebe einfach über alles, Lebewesen mit Gesicht aufzuessen.

*

Okay, es schmeckte wirklich nichts besonders gut, aber es hatte hoffentlich wenigstens einen Wirkung: Meine Kinder werden es später nicht besser haben als ich, sondern genauso oder auch schlechter, deshalb war dies heute schon eine gute Lektion für sie für spätere Zeiten.

*

Das Essen war überteuert, aber so minderwertig, dass meine Frau fiel zurück in ihre kriminellen Jugendtage und stahl zur Strafe das Silberbesteck.

*

Dieses Restaurant ist stolz auf seine ausgezeichnete koschere Küche. Das ist für mich als Atheist aber ebenso wichtig wie kostenlose Parkplätze auf dem Mond.

*

Bitte entschuldigen Sie vielmals, ich war so erregt über dieses Restaurant, dass ich in meiner Bewertung dazu versehentlich »Scheise« falsch geschrieben habe.

*

Man gab uns ein Sommermenü, bei dem alles luftig und leicht war, nur am Ende nicht der Preis. So besuchte ich kurz den Waschraum und zerstampfte die Toilette.

*

Kutteln und andere Innereien haben sie normalerweise nichts auf einen Kinderteller zu suchen. Aber in diesem Haus leider gibt es keine Kategorie mit dem Namen »normal«.

*

Ich bin traurig, weil ich kann hier nicht mehr herkommen, denn man hat meine Lieblingsmitarbeiterin gekündigt, weil sie angeblich zu oft mit Rum gurgelte. Dies muss furchtbarer Verleumdung oder eine Intrige sein, denn sie war sehr gut gelaunt immer, als sie mich serviert.

*

Noch bevor die Suppe mein Bauch fing an, zu mir mit der großen Klarheit sprechen: »Gehen wir jetzt! Hier nicht essen, du Dummkopf!«

*

Was festzustellen bleibt, ist dies: Jemand in der Küche ist entweder hysterisch lustig oder nimmt sich viel zu ernst.

*

Wünschte mir, hätte ich auf meine Frau gehört, wenn sie sagt: »Du bist nie ein neugierig Mensch gewesen! Warum wählst du unbedingt die ›Entdecker-Platte‹?«

*

So wurde ich ein Opfer meines Denkens, ein normal gewachsener Mann mit einem Magen und sechs Meter Darm kann für 50 Dollar sicher satt bekommen. Ich wurde nicht. Das Geld war weg, aber Magen und Darm nicht mal zu der Hälfte gefüllt. Schuld sind die Pygmäen-Portionen.

*

Wenn Sie oder Ihr Hund sind hungrig, bringen Sie Ihre eigenen Knochen oder fressen Sie zusammen mit Ihren Begleiter den Kellner. Sonst wird er Sie sehr, sehr lange warten lassen.

*

Essen war eine unterkühlte Platte. Ich beschwerte mich bei der jungen Frau, die mir eine zauberhaften Lächeln gab zu der Antwort. Weil ich eine alte Trottel, entschuldigte ich mich sofort für meine schwere Laune.

*

Perfekt, wenn Sie es gewohnt sind, nur zu gewinnen, und wollen etwas anderes erleben.

*

Wenn der Koch im »Pitrollos« einen Rest von Charakter, wirft er seine Mütze und wechselt in die Autoscooter-Branche.

*

Ich bestellte den »Tornado Puccini Steak«. Wenn der Fettbatzen serviert, der einzige »Tornado« war die Wutspule in mein Bauch, sich immer schneller drehen.

*

Es fühlte sich wie die Geschichte vom König mit den unsichtbaren Kleider: Jeder lobt das Essen, wie wundervoll, doch niemand schlägt mit der Faust auf den Tisch und sagen: »Das ist nur einen großen Betrugsscheißerei hier!«

*

Hier kommst du als Hungriger und verlässt es als wütende Hungriger, ohne Geld.

*

Dieses Taco-Haus reiten auf seinen Ruf aus der Vergangenheit. Doch niemand reitet lange erfolgreich ein totes Pferd. Das ist der beruhigende Wahrheit!

*

Geburtstag meiner Frau, und das Restaurant war über sie informiert. Nach dem Essen der Besitzer persönlich erschienen und präsentiert den Tag einen selbst geschriebenen Gedicht, das nicht reimen hat, und gab meine Frau eine fleckige Birne von seinem Baum zu feiern. Eigentlich nicht so besonders.

*

Personal arbeiten mit der Angst im Genick, siehst du in den Augen und Handgriffe. Sie brauchen alle ein psychologische Sitzung und Manager ein Paar maßfertige Handschellen.

*

Es wäre nicht existent auf einer Skala zwischen gut und schlecht, würde ich aus Höflichkeit zu der Qualität des Essens sagen.

*

Ansage vom Chef: »Sie möchten essen hier? Leider sind die Crackers alle, aber ich habe nahrhaft und gut Schnaps und Zigaretten, die den Hunger zuverlässig stoppen!«

*

Silvester ist für viele Menschen eine besondere Nacht, weil es bedeutet, dass alles beginnt von neuem. Deshalb beschlossen wir, das schlechte Abendmenü einfach für alle Zeiten zu vergessen und verschwanden noch vor Mitternacht ohne Bezahlung.

*

Ich verbrannte mir eine Schnauze an dem heißen Käse-Can-
nelloni, sodass ich zündete nach dem Essen den Geldschein
zur Zahlung an, bevor ich rief den Ober, damit er seine Pfoten
verbrennen könnte.

*

Ich bin und bleibe genauso stumm wie meine Geschmacks-
zellen. Ich hoffe, dass sie leben noch.

*

Meine Freundin hat eine superriechen Nase, die selten po-
sitiv ist, aber die meisten von Nachteil, weil es riecht überall Gespenster, einschließlich der vorliegenden, in denen sie
beschuldigt den Koch zu gemischten Waschmittelpulvers in
den Kartoffelbrei, worauf man uns den Sitz kündigt.

*

Leider kann ich nur tragen Jogginghosen, weil ich überge-
wichtig bin und große Geschlechtsorgane habe. Mir wurde
leider direkt an der Rezeption gesagt, dass keine Gäste in bil-
liger Kleidung willkommen.

*

Mit Erkältung oder Grippe sind Sie richtig, wenn Sie die frische Garnelen bestellen, weil sie die Antibiotika-Futter bekommen.

*

Mein Großvater pflegte dorthin zu gehen – das heißt aber nichts Gutes, denn er schwärmte auch immer vom leckeren Büchsenfutter aus Kriegstagen.

*

Der Küchenchef rühmte als Schüler von Bocuse, aber dieser Name nicht überall gleichbedeutend mit hoher Qualität. In Türkischen »bok uz« bedeutet leider nur die »brauchbaren Scheiße«.

*

Ein recht ordentliches Steakhaus, aber nichts mehr. Okay, ich weiß, dass man Tiere sowieso nicht essen sollte, aber ich habe es versucht: Menschen mir leider nicht schmecken.

*

Nach dem Essen setzte sich der Eigentümer zu uns, weil wir sind die letzten Gäste: »Es gibt bei mir leider einiges Mitarbeiter mit bedrohlichen Krankheiten, aber unser Platz ist schräg gegenüber von der Gesundheitsbehörde, und ich genieße es immer sehr, die Beamten von ihnen zu bewirten lassen.«

*

Wir hatten lange gebraucht, um dieses Restaurant zu finden, und dann sagte man uns, dass es wäre geschlossen, weil der Inhaber »hatte einen schrecklichen Blutrausch gehabt« …!

*

Unser Kellner versäumt es, deutlich zu sprechen. Wir mussten viele raten, was er sagen. Z. B. ob ein grilltes »Truthahn-« oder ein »Türken-Steak«? Eine wirklich unsichere Veranstaltung für uns.

*

Unser Hotel empfahl dieses Restaurant. Die Manager von beiden müssen Brüder sein und unter einer dreckigen Abzockerdecke zu stecken.

*

Du sitzt hier in eine Art Entwurf von ein Restaurant. Die Tür für alle offen. Die Herzen der Diener auch. Aber alle scheinen noch in ein gut gelaunte Generalprobe. Als Gast kommst du hier zu früh! Bleib weg.

*

Erwarte ich keine Sonderbehandlung dafür, weil ich im Rollstuhl. Aber als sie meinen Begleiter einen Lappen geben, er soll zuerst die Reifen meines Rollis säubern, sonst der Parkett zu schmutzig, fand ich dies sehr diskriminierend.

*

Sollten Sie in den Irrtum, hierher zu kommen, krempeln Sie ihre Socken hoch und verlassen Sie sofort diesen Ort der Killer-Personal und -Köche.

*

Er nahm meine Kreditkarte und war sie für 20 Minuten verschwunden mit ihm. Was taten sie mit ihm so lange? Sie schien auf den ersten Blick ohne Schaden. Aber ein Misstrauen-Gefühl fressen mich den ganzen Abend.

*

Das Ausmaß der Fehler und Unwahrscheinlichkeiten machte meinen Begleiter bitterlich weinen auf seinen Croque Monsieur.

*

Das Ergebnis war, wir fühlten uns wie Würfel im Becher von Börsenspekulanten.

*

Wir blieben ruhig und angewidert an unseren Plätzen, bis auch der letzte Gang über uns gegangen.

*

Wir brachten unsere gut erzogene Teenager-Feinschmecker, der freute sich auf eine fabelhafte Meeresfrüchte-Menü. Der Oberkellner mit der hohen Nase gab unserem Robbie aber keine Spur der Aufmerksamkeit – was wir fanden sehr demütigend. Dabei ist unser Rob so ein charming und sensitive Mensch. Er war ganz still und gekränkt über den Muschelteller geschmollt.

*

Frage ich mich, wer diese Beifallbewertungen für den Schmierenladen geschrieben? Wenn ich könnte, ich würde euch die Hände für immer zusammennähen! Ihr alle seid Gekaufte.

*

Den Redakteur von Travel-Magazin hat empfohlen dieses Taverne, ich werde finden und seine eigene Zeitschrift fressen lassen. Sehr schnell und ohne Wassergabe.

*

»Warum Sie immer weitere kostenlose Brot zu fressen?«, schnappte der Kellner. »Das hier ein Restaurant und kein Free-Backshop.« Der Kerl war in ein sehr schlechten Tag gefangen.

*

Frage mich bis heute: Was war das seltsame, von Nudeln befallen Gericht, das im Rahmen der Leuchtstofflampen vor mir glänzte?

*

Als Vegetarier findest du nicht mehr als einen traurig einsamen Algensalat auf der Karte. Wenn Sie also Grünzeugfresser wie ich, gehen nebenan. Und tragen Sie ein glücklich dickes Gesicht, wenn Sie den Laden mit Stolz verlassen.

*

Ich bestellte etwas namens »MoMo ChauChau«. Bin nicht sicher, was es sein sollte, aber war entsetzlich süß. Und es schlich mich schrecklicher Verdacht: Menschenfleisch!

*

Koch mit Herz aus Stein; also seine Steaks eiskalt, schwer und hart wie Granit.

*

Mit dem Namen »Tamparell« erwartete ich ein Gebräu so stämmig, es würde ein Henker erröten lassen. Die Realität aber ist ein Spitzenplatz auf dem Marshmallow-Weichheit-skala.

*

Ich will Konsistenz in meinem Leben – hier aber alles war wässrig und fad.

*

Wir fanden uns geführt in einen zufälligen Nebenraum mit Biersprüchen an der Wand und einem Fernseher ohne Be-wusstsein für Qualität. Als wir aus dem Fenster schauen, mer-ken wir: Sitzen wir wie Vögel auf dem Dach des Hauses.

*

Wenn der Resultat meiner Stuhlprobe kommt von Labor und mir klar, was ich mir eingeschleppt, gehe ich wieder hin, lese Manager den Ergebnis sehr laut vor und dann brenne seinen Laden zu der Asche.

*

Diese Tür ich sollte niemals geöffnet haben, war die Büchse von Pandora der Geschmacksfehlern.

*

Uns kam das Gefühl schon bei der Hauptspeise, deutlich an Gewicht zu nehmen, so fettig war der ganze Spektakel. Bauch, Beine, Oberschenkel – alles schien aus den Kleidung platzen. Wir waren wie Luftballons gebläht.

*

Paella »Alte Muschel« machte mein Freund schleudern in der Nacht und mich kotzen in den Morgen.

*

Locken Sie mit »Weltküche« – landen Sie aber in: Unterwelt-eintopf.

*

»Mittagstisch« mit beschämend kleine Portionen. Müsste hei-ßen: »Mittags-Zwergentisch« oder besser: Alle Tische und den Besitzer zersägen. Fertig.

*

Das Anwesen verfügte über einen Kellner, der nun zu fehlen pflegt. Der Zugang zu Dienstleistungen wurde aufgegeben endgültig.

*

Sie können hier nur die Schnitzel probieren. Und das ist schlimm genug.

*

Das Personal trug mit dem Namen »Restaurant Ciul« T-Shirts bedruckt. Sie sicherlich nicht wissen, dass die »Ciul« in polnischer Sprache »Wichser« bedeutet. Nicht sehr originell, aber immer lustig für uns.

*

Es ist wirklich eine Schande, wir hatten diese Art der krustigen Erfahrung.

*

Ihre Nahrung saugt – mich in den Abgrund.

*

Es war 25 Grad, aber sie möchten mir verbieten zu speisen oben ohne – ich bin ein Mann, was soll das also?! Gibt es jemanden, der die Bekleidung von Damen unter den Rock hier kontrolliert?

*

Nur ein Plus: Sie können bequem sitzen und mit der Fußbodenheizung plaudern.

*

Ich habe dort angerufen, und es kam auch ein Mensch an das Telefon, aber sie verstand kein Wort von dem, was ich sagte, und schreit nur: »Hallo, was wollen Sie, hallo, was wollen Sie?«, bis ich dann auflegte.

*

Wenn ich zurückblicke, gibt es einen Konflikt meiner Gesichtskomponenten: Meine Augen wollen weinen, mein Mund möchte schreien und die ganze Haut rot von kochender Wut!

*

Ein Glas Weißwein kostet den doppelten Rotwein »wegen der Kühlungskosten durch den Strom«.

*

Es gibt unterschiedliche Gründe, ein Hotel zu besuchen, aber die Qualität des Essens ist bei diesem nicht das erste Kriterium, sondern die gute Zusammenarbeit mit den weiblichen Bewohnern nach der Einnahme des Essens.

*

»Dieses Rezept ist streng geheim!«, sagte der Chef. Ja, das hoffe ich, denn ich habe noch nie etwas so scheußlich gegessen!

*

Tauchen Sie in einer großen Menschengruppe, die den Laden verlässt. Aber bevor Sie gegessen! Nicht danach. Gehen Sie früh, solange es möglich.

*

Warten Sie nicht zu freundlich, wenn es um Geschmack geht. Besser Sie bringen früh Ihre harten Nüsse in das Spiel!

*

Im Urlaub auf der griechische Insel ist es mir natürlich egal, aber zu Hause bestelle ich sicherlich keine Grillplatte lesbische Art für zwei Personen.

*

Fettreiche Lebensmittel ist nicht ein Problem. Aber bitten Sie der Bedienung, darauf zu achten, das Essen nicht zu verschütten auf Ihren Kopf und Kleider.

*

Ich möchte alle gebenedeite Leser dieser Bewertung hier und jetzt davor warnen, dass sich in diesem gefährlichen sogenannten Restaurant nur die komplett Verrückten und Andersartige aufhalten!

*

Wir saßen draußen und wurden so ziemlich vergessen.

*

Das Lokal hat einen sehr schönen Vornamen. Das war's.

*

Wer nicht wagt, der nicht gewinnt? Nach diesem Restaurant muss ich festhalten: Wer wagt, gewinnt auch nicht!

*

Dort essen und danach Ausflug zum nächsten WC.

*

Wir haben alle Dinge über dieses Restaurant gelesen und sind nicht daran interessiert, es aufzuessen.

*

Die Preise zu hoch, und Essen zu lange tot warten hinter Glas.

*

Meine Tochter, drei Jahre, liebt Tiere. Alle Tiere. Auch Mücken und Fliegen können Sie nicht zerschlagen, wenn sie dabei ist. Als ich las ihr das Menü, beginnt sie zu weinen und schreien und wird nicht aufhören. Personal ist sehr verständnisvoll, wenn wir gehen. Es macht mich nachdenken: Unsere ganze Familie wird bald vor Hunger und Liebe zu den Tieren von Planeten Erde verschwunden sein.

*

Wollen Sie wissen, wie verrückt schlecht Essen kann schmecken und dann auch noch ein Vermögen für diese Demütigung von Ihren Gaumen bezahlen? Hier!

*

Wenn das Essen ist wirklich der Sex der alten Generation, denn dies ist der Treffpunkt der Masochisten.

*

Du hast viele Stunden gefahren und kommst zur Tür herein, und es ist klar: Hier wurde schon lange nicht mehr geputzt. Und dann bekommst du dein Essen, und es ist klar: Hier wurde auch schon lange nicht mehr gekocht. Also, warum sollst du bezahlen?

*

Wenn Sie einmal wirklich, wirklich gute Laune haben und ist es so, dass es Ihnen zu viel und Sie von Ihrem Wolke herunterkommen will: Komm her!

*

Am dritten Tag der Zustellung von unendlicher Dauer gab es einen Volksaufstand.

*

Die »kostenlosen Wein- und Käseprobe« in den Abendstunden war bestens erbärmlich. Wir lieben guten Wein, aber wir haben nie drehen uns an so billigen Wein. Der Wein war in Dekantern, so weiß ich nicht das Weingut, aber heilige Scheiße, es war beschissen, beschissen Wein!

*

Die Mahlzeiten waren ein Angriff auf Fort Knox.

*

Wenn ich Spaß haben will, gehe ich in einem schlechten und teueren Restaurant und mache sie alle dort fertig. Ich habe hier schon öfter gewesen, es ist immer ein Vergnügen, denn ist es ein überteuert Drecksloch.

*

Ich habe versucht hier vor ein paar Wochen. Die ausgetrocknete Essen in der Vitrine sollte die Alarmglocken läuten, aber ich ging hin und bestellt Pommes frites, und alles, was ich sagen kann, ist schwarz und knusprig.

*

Sie gehen hin und vergewaltigten darin Ihre Geldbörse.

*

Der Schlüsselsatz zum Aufenthalt in dieser Einrichtung ist, wie man mir verriet: »Einmal die Strafe für böse Jungen.« Es folgt dann eine Einzelbedienung, wobei das Essen spielt keine große Rolle.

*

Ein Mann mit Bart will immer ein dunkles Geheimnis dahinter zu verstecken. So verließ ich das Haus sofort und jetzt, dass ich die Kritiken gelesen, ich weiß: Genau richtig, wie ich es tat!

*

Mein Tochter freute am meisten über die Lutschbonbons, die mit der Rechnung kam. Die Tränen über ihre Wangen waren bereits trocken, Bonbon ließ sie vergessen die ungenießbar Micky-Maus-Teller.

*

»Beehren Sie uns nicht wieder! Sie passen nicht unsere Ausstattung.« Haben wir dies leider nicht das erste Mal gehört.

*

Ein Ruhetag in der Woche nicht genügend für diesen Laden. Soll er ewige Ruhe-Erlaubnis erhalten von Gesundheitsamts persönlich – und zwar schnell.

*

Gibt es eine Initiative »Keine Gewalt gegen Lebensmittel«? Sie sollten hierher kommen und schließen das gesetzlose Restaurant. Wenn notwendig, sogar mit Gewalt.

*

Dieses Restaurant ist in keiner Restaurantführer, da es zu schlecht ist. Aber was ist schlecht für andere, ist gut genug für mich.

*

Ich weigere mich grundsätzlich, wenn ein Restaurant keine lebende Tiere zu verzehren hat.

*

Zusammenfassung: Alles war geschmacklos, und, soweit es nach etwas schmeckt, es schmeckt schlecht.

*

Mann, wie kann ich in diese Falle tappen? Hätte ich lieber gegrillt und gegessen meinen eigenen Fuß. Ohne Ketchup, bitte!

*

Plus: große Portionen. Minus: Essen armer Güte.

*

Wir sind alle Sünder und verdient der Hölle, und wenn es un gerecht erscheint, auch das Management dieser Restaurant können durch den Glauben an Jesus noch gerettet werden. Die Speisen leider nicht.

*

Zweifel, ob hier wieder zu essen kommen, sind lang wie der Schwanz einer Schlange.

*

Tipp: Richtig, das Restaurant ist in der Mozartstraße 3 – aber es gibt kein gutes Essen und keine gute Musik bei dieser Frau. Besser du wechselst die Galaxie, als dort nach Futter suchen.

*

Es tut uns leid, aber ihre restlichen Tage des Geschäfts sind nummeriert sicherlich.

*

Ein wirklich windeliger Ort!

*

Ich warf einen Blick in die Küche: Der Koch hatte keine weiße Kappe. Das ist ohne Klasse und Betrug, werde sicher nicht zurückkehren.

*

Es gab schon immer, und es gibt für immer die dummen Witze über das Haar in der Suppe im Restaurant. Es gibt nicht einen von dieser Witze, die ist lustig. Aber ich will Ihnen was sagen: Wenn Sie in Wirklichkeit ein Haar in der Suppe: Es ist auch nicht lustig.

*

Die Glocken der Hölle sollte, wenn sie brachte uns das Essen, geklungen haben!

*

Entschuldigen Sie mich bitte für jetzt: alles scheiße, aber zumindest nicht Lebensmittelvergiftung.

*

Angenommen, Sie sind verheiratet für eine lange Zeit, und es gibt nur selten Überraschungen, aber oft Meinungsverschiedenheiten: Komm her, erleben Sie die größte Abzocke für eine beschissene Leistung, und Ihre Frau haben darüber endlich wieder die gleiche Ansicht wie Sie!

*

Ich kann nicht sagen, dass ich wäre besonders gespannt auf den Geschmack, aber es war dann wirklich überraschend schlecht.

*

Kettenrestaurant, mit bundeseinheitlicher Menü von der Mikrowelle serviert.

*

Die vielmalige Mundspülung konnte es auch nicht mehr besser machen, ich habe Angst, ich bräuchte ein neues Maul.

*

Es war einmal gut, aber in letzter Zeit geht es den Hügel hinunter. Ganz hinunter.

*

Ich würde lieber zum Zahnarzt gehen als hier.

*

Während ich das schreibe, warte ich im Hospital auf die Aus-pumperei von allem.

*

Es war sehr spät, und wir hatten nicht getrunken. Wie wir das Restaurant verlassen wollten, sahen wir in der Küche durch Zufall ein nackter Koch. Eher unüblich, wenn Sie mich fragen.

*

Okay, mein Freund, ich weiß genau, wie es ist, wenn Sie nicht mehr wissen, was Sie heute Abend noch mit Ihrer Frau tun, und Sie fühlen sich nicht, »es« zu machen. Sie bringen sie in ein Restaurant. Aber besser nicht in diesem!

*

Wir fühlten uns zwar nicht willkommen, aber mindestens vernachlässigt und misshandelt.

*

Wir beklagten uns beim Kellner, der in die Küche ging und kam zurück mit der Meldung: »Der Chef kann nicht spre-chen – er ist zur Verschwiegenheit verpflichtet.«

*

Ich beschwerte: »Meine Pizza schmeckt wie ein alter Teppich.« Die ungeheuerliche Bedienung lacht nur: »Ja, so du siehst aus: wie ein Fresssack von alte Bodenbelag. Geh nach Hause, du Experte!«

*

Wenn Sie gutes Essen total hassen und es lieben, schlecht behandelt zu werden, dann sollten Sie auf jeden Fall dieses Restaurant besuchen.

*

Die Spezialität des Hauses ist ehrliche Abzocke.

*

Wenn dieser Restaurantboss denkt, dass er kann mich verarschen ohne Konsequenzen, dann soll er wissen, dass er sich
einen Dümmeren suchen muss. Aber diesen er wohl kaum
finden kann.

*

Die Speisen wirklich sehr schlecht, meine vierjährige Tochter
könnte besseres Essen auf ihre Spielzeugküche machen.

*

Wir hatten einen Tisch reserviert, weil es der Tag der Mutter
war, aber trotzdem es dauerte eine unglaublich lange Zeit, bevor sie mit der Nahrung herausrücken.

*

Kurz bevor wir gingen, unser Senior-Kellner zwinkerte meinem Freund und gab ihm seine Karte mit den Kontaktdaten
darauf! Dies ist unprofessionell, er sollte sich seine Lustjungen
an anderem Platz suchen!

*

Es ist möglich, dass wir nur kein Glück hatten, aber ich muss zugeben, dass ich kaum meine Beine in dieses Café jemals wieder befehlen werde.

*

Das Leben ist zu kurz für eine solche Essensquälerei.

*

Das Essen schmeckte eher wie etwas, das mechanisch gewesen war und dann wieder komprimiert.

*

Alles in allem: Lieber Sie schnappen sich einen Burger!

*

Man muss auf der hellen Seite schauen, richtig? Es geht von hier aus nur nach oben!

*

Ich habe jetzt nicht nur ein bedauerliches Finanzergebnis, sondern ein traumatisches Erlebnis im Allgemeinen.

*

Essen Sie hier nur, wenn unbedingt notwendig. Fragen Sie sich zuerst: Muss ich für den Rest von meinem Leben wirklich unbedingt meine beiden Armen haben? Wenn die Antwort ist nein, dann du einen davon beißen. Es ist besser für dich am Ende!

*

Alles in allem nur übler Möchtegern-Mist.

*

Schon mein Großvater besuchte dieses Restaurant – vielleicht deshalb ist er gestorben in seiner Jugend bereits.

*

Allein durch Zufall fanden wir dieses halb verlorene Lokal auf einer kurvenreichen Straße, die in das verödete Gebirge klettert.

*

Diese Türe – öffnen Sie sie niemals!

*

Ich bin ein Kenner der Nahrung, und ich kann Ihnen sagen, dass nicht nur das Steak, aber der ganze Abend war uns schwer zu schlucken.

*

Etwa eine Stunde saß ich unbemerkt und verzweifelt, wie die Tiere, die keinen Platz auf der Arche Noah gefunden hatte, dann zündete ich die Papiertischdecke und ging weg in Eile.

*

Ich bin normalerweise kein Mensch mit Selbstmitleid trop-fend, aber mit der unangenehme Knorpelerfahrung in dieser schmutzigen Bar ich wurde doch weinerlich dann.

*

Die schmerzhafteste Stelle, wo ich in meinem ganzen Leben gegessen worden bin.

*

Uns wurde die obszöne Rechnung in unsere Nasen gerieben.

*

Es ist nicht wert meine Zeit, um die Details herumzureiten.

*

Viele kleine Dinge, die letztlich bitter bereut mich dafür, dass wir in diesem Restaurant gestoppt. In meinem früheren Leben hatte ich nie etwas Ähnliches erlebt.

*

Was auch immer Ihr Zustand, wenn Sie in der Nähe von diesem Restaurant sind (Kinder schreien, spät, geschwollene Füße, Orkan etc.), suchen Sie für einen anderen Ort, sogar auch, wenn Sie kriechen müssen.

*

Normalerweise ich bin zu haben für eine solche Stellung, aber hier muss ich sagen: nein, nein, nein!

*

Ich kam mit guter Laune und verließ es zornig mit leeren Magen und nur das Maul von Knoblauchjauche.

*

Wenn das Letzte, was ich hätte noch im Leben, wäre ein Besuch von diesem Lokal, ich würde es auf jeden Fall beenden zuvor.

*

Lassen Sie sich nicht wirklich im Zusammenhang mit diesem Restaurant gefickt erwischen, oh wie schlimm!

*

Ich war immer gegen die Religion. Ein Beispiel: Katholiken sollten Fisch freitags essen, aber es gibt nichts in der Bibel, welche Weißwein passt mit gegrillten Dorade!

*

Dieser Ort sollte eine Vollzeitmediator einzusetzen, der vermittelt zwischen den Empfehlungen aus dem Menü, die Erwartungen der Gäste und der Realität, die aus der Küche kommt.

*

»Ich bin ein Anhänger von guten Produkten«, sagt der Chef in der Speisekarte. Okay, einverstanden, als Nächstes du solltest ein Anhänger von einen guten Kochkurs werden!

*

Offensichtlich diese Einrichtung setzt nur auf die Laufkundschaft an der Grenze der Idiotie, wiederkehrende Kunden ist für sie etwas Unerhörtes.

*

Also, alles, was sie tun, tun sie schlecht. Nur die Sonne von der Terrasse war gut, aber es war nicht in diesem Restaurant gemacht.

*

Wir wurden von einer Pizza in die Toilette geritten.

*

Vielleicht könnte man sagen, es war eine Erfahrung?

Echt wahr!
999 Fakten, die Google nicht weiß

John Lloyd, John Mitchinson, James Harkin
272 Seiten, Taschenbuch-Originalausgabe
ISBN 978-3-455-37805-4
Atlantik Verlag

Google weiß alles? Eben nicht! Und vor allem nicht die 999 verrückten Fakten in diesem Buch. Kostprobe gefällig? Als Fidel Castro in Kuba an die Macht kam, ließ er alle Monopoly-Spiele vernichten. Oder: Kommt eine Kakerlake mit einem Menschen in Berührung, rennt sie fort und wäscht sich. Dieses Buch versammelt lauter aberwitzige Kuriositäten, die reihenweise Kinnladen runterklappen lassen. Fakten, die unglaublich, aber wahr sind. Damit wird der Small Talk endlich very big und witzig.

Das Kneipenquiz-Buch

750 ungewöhnliche Fragen für Quizabende mit Freunden oder der Familie

Zusammengetragen von Wanda Eule
252 Seiten, Taschenbuch-Originalausgabe
ISBN 978-3-455-37804-7
Atlantik Verlag

Von *Quiztival der Liebe* über *Quiz de Burgh* zur *Haute Quizine*. In 30 Kapiteln und mit 750 Folgen versammelt dieses Buch die besten Fragen aus unterschiedlichsten Themenbereichen – zum Nachspielen daheim oder unterwegs, allein oder in geselliger Runde.

»Kneipenquizze sind derzeit schwer angesagt. Überall in Deutschlands Kneipen wird geknobelt und geraten, bis die Köpfe rauchen.«
ZDF neo